Arte e Comunicação representam
dois conceitos inseparáveis.
Deste modo, reunem-se na mesma colecção
obras que abordam a Estética em geral,
as diferentes artes em particular,
os aspectos sociológicos
e políticos da Arte,
assim como a Comunicação Social
e os Meios que ela utiliza.

Títulos publicados
1. DESIGN E COMUNICAÇÃO VISUAL, Bruno Munari
2. A REALIZAÇÃO CINEMATOGRÁFICA, Terence Marner
3. MODOS DE VER, John Berger
4. PROJECTO DE SEMIÓTICA, Emílio Garroni
5. ARTE E TÉCNICA, Lewis Mumford
6. NOVOS RITOS, NOVOS MITOS, Gillo Dorfles
7. HISTÓRIA DA ARTE E MOVIMENTOS SOCIAIS, Nicos Hadjinicolau
8. OS MEIOS AUDIOVISUAIS, Marcello Giacomantonio
9. PARA UMA CRÍTICA DA ECONOMIA POLÍTICA DO SIGNO, Jean Baudrillard
10. A COMUNICAÇÃO SOCIAL, Olivier Burgelin
11. A DIMENSÃO ESTÉTICA, Herbert Marcuse
12. A CÂMARA CLARA, Roland Barthes
13. A DEFINIÇÃO DA ARTE, Umberto Eco
14. A TEORIA ESTÉTICA, Theodor W. Adorno
15. A IMAGEM DA CIDADE, Kevin Lynch
16. DAS COISAS NASCEM COISAS, Bruno Munari
17. CONVITE À MÚSICA, Roland de Candé
18. EDUCAÇÃO PELA ARTE, Herbert Read
19. DEPOIS DA ARQUITECTURA MODERNA, Paolo Portoghesi
20. TEORIAS SOBRE A CIDADE, Marcella delle Donne
21. ARTE E CONHECIMENTO, Jacob Bronowski
22. A MÚSICA, Roland de Candé
23. A CIDADE E O ARQUITECTO, Leonardo Benevolo
24. HISTÓRIA DA CRÍTICA DE ARTE, Lionelo Venturi
25. A IDEIA DE ARQUITECTURA, Renato de Fusco
26. OS MÚSICOS, Roland de Candé
27. TEORIAS DO CINEMA, Andrew Tudor
28. O ÚLTIMO CAPÍTULO DA ARQUITECTURA MODERNA, Leonardo Benevolo
29. O PODER DA IMAGEM, René Huyghe
30. A ARQUITECTURA MODERNA, Gillo Dorfles
31. SENTIDO E DESTINO DA ARTE I, René Huyghe
32. SENTIDO E DESTINO DA ARTE II, René Huyghe
33. A ARTE ABSTRACTA, Dora Vallier
34. PONTO, LINHA, PLANO, Wassily Kandinsky
35. O CINEMA ESPECTÁCULO, Eduardo Geada
36. CURSO DA BAUHAUS, Wassily Kandinsky
37. IMAGEM, VISÃO E IMAGINAÇÃO, Pierre Francastel
38. A VIDA DAS FORMAS, Henri Focillon
39. ELOGIO DA DESARMONIA, Gillo Dorfles
40. A MODA DA MODA, Gillo Dorfles
41. O IMPRESSIONISMO, Pierre Francastel
42. A IDADE NEOBARROCA, Omar Calabrese
43. A ARTE DO CINEMA, Rudolf Arnheim
44. ENFEITADA DE SONHOS, Elizabeth Wilson
45. A COQUETTERIE, OU A PAIXÃO DO PORMENOR, Catherine N'Diaye
46. UMA TEORIA DA PARÓDIA, Linda Hutcheon
47. EMOTION PICTURES, Wim Wenders
48. O BOXE, Joyce Carol Oates
49. INTRODUÇÃO AO DESENHO INDUSTRIAL, Gillo Dorfles
50. A LÓGICA DAS IMAGENS, Wim Wenders
51. O NOVO MUNDO DAS IMAGENS ELECTRÓNICAS, Guido e Teresa Aristarco
52. O PODER DO CENTRO, Rudolf Arnheim
53. SCORSESE POR SCORSESE, David Thompson e Ian Christie
54. A SOCIEDADE DE CONSUMO, Jean Baudrillard
55. INTRODUÇÃO À ARQUITECTURA, Leonardo Benevolo
56. A ARTE GÓTICA, Wilhelm Worringer
57. A PERSPECTIVA COMO FORMA SIMBÓLICA, Erwin Panofsky
58. DO BELO MUSICAL, Eduard Gusdorf
59. A PALAVRA, Georges Gusdorf
60. MODOS & MODAS, Gillo Dorfles
61. A TROCA SIMBÓLICA E A MORTE - I, Jean Baudrillard
62. A ESTÉTICA, Denis Huisman
63. A TROCA SIMBÓLICA E A MORTE - II, Jean Baudrillard
64. COMO SE LÊ UMA OBRA DE ARTE, Omar Calabrese
65. ÉTICA DO CONSTRUIR, Mário Botta
66. GRAMÁTICA DA CRIAÇÃO, Wassily Kandinsky
67. O FUTURO DA PINTURA, Wassily Kandinsky
68. INTRODUÇÃO À ANÁLISE DA IMAGEM, Martine Joly
69. DESIGN INDUSTRIAL, Tomas Maldonado
70. O MUSEU IMAGINÁRIO, André Malraux
71. A ALEGORIA DO PATRIMÓNIO, Françoise Choay
72. A FOTOGRAFIA, Gabriel Bauret
73. OS FILMES NA GAVETA, Antonioni
74. A ANTROPOLOGIA DA ARTE, Robert Layton
75. FILOSOFIA DAS ARTES, Gordon Graham
76. HISTÓRIA DA FOTOGRAFIA, Pierre-Jean Amar
77. MINIMA MORALIA, Th. W. Adorno
78. UMA INTRODUÇÃO À ESTÉTICA, Dabney Townsend
79. HISTÓRIA DA ARTE, Xavier Barral I Altet
80. A IMAGEM E A SUA INTERPRETAÇÃO, Martine Joly
81. EXPERIÊNCIA E CRIAÇÃO ARTÍSTICA, Theodor W. Adorno
82. AS ORIGENS DA ARQUITECTURA, L. Benevolo e B. Albrecht

AS ORIGENS DA ARQUITECTURA

Título original:
Le Origini dell' Architettura

© 2002, Gius. Laterza & Figli Spa, Roma-Bari

Edição em língua portuguesa negociada
com a Agência Literária Eulama

Tradução: Margarida Periquito

Revisão da tradução: Ruy Oliveira

Capa de Edições 70
Na capa: Babilónia – pormenor da famosa porta de Ishtar,
em parte conservada e em parte restaurada,
podendo ver-se uma parede decorada
com animais sagrados em terracota.

Depósito Legal n.º 204215/03

ISBN 972-44-1166-4

Direitos reservados para língua portuguesa
por Edições 70

EDIÇÕES 70, LDA.
Rua Luciano Cordeiro, 123 - 2.º Esq.º – 1069-157 LISBOA / Portugal
Telef.: 213 190 240
Fax: 213 190 249
E-mail: edi.70@mail.telepac.pt

www.edicoes70.pt

Esta obra está protegida pela lei. Não pode ser reproduzida
no todo ou em parte, qualquer que seja o modo utilizado,
incluindo fotocópia e xerocópia, sem prévia autorização do Editor.
Qualquer transgressão à Lei dos Direitos do Autor será passível de
procedimento judicial.

L. BENEVOLO
B. ALBRECHT

AS ORIGENS DA ARQUITECTURA

edições 70

Prefácio

Na conferência de 1881, intitulada *The Prospects of Architecture in Civilization*, William Morris explica assim o que entende por arquitectura:

É uma concepção ampla, pois abarca todo o ambiente da vida humana. Não podemos subtrair-nos a ela enquanto fizermos parte da sociedade civil, porque a arquitectura é o conjunto das modificações e alterações introduzidas na superfície terrestre com vista às necessidades humanas, com a única excepção do deserto puro.

Esta definição, puramente material, serviu a partir de então para afastar as antigas definições «culturais» da arquitectura, e abriu o campo à criação de uma nova arquitectura, a partir do início do século XX. É com este significado que aparece em quase todos os textos sobre arquitectura moderna.

Hoje, quando o afastamento da tradição já se deu há muito tempo, a frase de Morris perdeu o sabor polémico no campo da arquitectura militante. Mas mantém-se como uma indicação inovadora, muito negligenciada, no campo da história da arquitectura. A uma ideia restrita da arquitectura, historicamente qualificada, continua a ser fiel, como se sabe, um grupo ínfimo de arquitectos contemporâneos, por um intuito programático preciso; mas também a segue, por hábito, a maior parte dos autores e dos leitores interessados na arquitectura do passado.

Se tentarmos interpretar este estado de coisas do ponto de vista histórico, encontramos o prestígio da tradição grega, na qual

AS ORIGENS DA ARQUITECTURA

se apoia toda a estrutura da cultura ocidental. A síntese grega é de tal modo importante que faz retroceder até à «pré-história» tudo o que a precede no tempo (com excepção das vicissitudes do Próximo Oriente, reconstruídas como «antecedentes») e esmaga a perspectiva de todas as tradições distantes no espaço, das quais se prefere colher a pura «diversidade» mais do que o desenvolvimento autónomo.

Além disso, nos últimos seis séculos nasce em Itália a ideia da «arte» como uma categoria de objectos emergentes pela sua qualidade. Esta distinção regula desde então a preparação do panorama construído na Europa e nos territórios colonizados e, a partir do século XIX, também o julgamento do que foi produzido em todas as épocas e em todos os países do mundo, embora as palavras para exprimir esse juízo – «arte», «arquitectura», «beleza» e outras mais – não tenham equivalente nas línguas dos outros nem nos usos mais antigos das próprias línguas europeias.

Estes dois acontecimentos impediram durante muito tempo uma avaliação correcta das origens da arquitectura, e também uma total compreensão do cenário artificial em que vivemos, e, por conseguinte, a implantação correcta das suas alterações.

Hoje, o campo da «pré-história» é cultivado pela arqueologia moderna, que com os seus métodos rigorosos identifica e descreve um vastíssimo panorama de artefactos físicos em toda a superfície terrestre e ao longo de um vasto espaço de tempo. Nos livros especializados, tais artefactos são interpretados como sinais das realidades humanas desaparecidas no passado. Mas já é tempo de reconhecer também a estes cenários a contemporaneidade cultural a que fazemos alusão com a palavra «arquitectura». Actualmente, perante a densidade e a coerência do património até agora explorado, pode dizer-se mais: a «arquitectura» para a qual devemos direccionar o nosso interesse é o conjunto das experiências díspares arquitectadas pela família humana ao longo de todo o decurso da sua presença sobre a terra. Díspares, e no entanto tornadas unitárias pelas conformidades estruturais que a investigação contemporânea relaciona em tantos outros campos: os equipamentos materiais, as línguas, os comportamentos, as instituições. Até as experiências mais ilustres, consagradas pela tradição – o Egipto, a Grécia clássica, o Renascimento europeu – só se podem avaliar correctamente a partir da herança pré-histórica e comparando-as às outras experiências paralelas saídas da mesma cepa. Temos de

PREFÁCIO

aprender a olhá-las «de trás» e «de lado», e não apenas «de frente», como arquétipos do que veio depois. O estudo da arquitectura passada serviu sempre para estimular a criatividade contemporânea. Basta recordar, no passado próximo, a redescoberta do gótico pelas vanguardas inglesas – John Ruskin, William Morris – da segunda metade do século XIX; a releitura do classicismo nas universidades americanas – Rudolph Wittkower, James S. Ackermann, Joseph Rykwert – e por Louis Kahn e seus discípulos; a reavaliação das vanguardas no início do século XX pelos movimentos revisionistas europeus; a curiosidade omnívora de James Stirling por qualquer achado do passado. Mas para as tarefas inovadoras de hoje este reservatório de memórias familiares de facto não chega. Saindo das suas fronteiras encontra-se o inesperado, o surpreendente, o estranho, que também pertence à liberdade das escolhas humanas e, se reconhecido, restabelece uma ideia ampliada da tradição de que provimos.

Os desafios a enfrentar no mundo de hoje não dizem respeito apenas às quantidades e aos números, mas também – e sobretudo – à complexidade e à subtileza. Só o leque completo dos resultados, em que a excelência qualitativa aflora das maneiras mais diversas e imprevistas, dá uma ideia justa dos recursos da mente humana, e ajuda a transformar o passado, de prisão ou labirinto, em horizonte aberto a novas criações.

O mundo actual é uma moradia inteiramente submetida aos nossos projectos, e até o suporte natural não escapa às transformações humanas, como hoje sabemos. Esta perspectiva leva a considerar «o conjunto das modificações e alterações introduzidas na superfície terrestre» como um cenário único, que deve ser conservado ou modificado depois de bem analisados todos os prós e os contras. Os artefactos físicos arquitectados pelo homem e ainda visíveis compreendem aquilo que não desapareceu no naufrágio das esperanças passadas, consumidas pelo tempo e pelo acaso. Permitem-nos a nós, descendentes afastados, um contacto directo, face a face, com os nossos antepassados, transpondo o abismo do tempo. A partir de uma certa época, os artefactos são acompanhados de monografias, que, do ponto de vista histórico geral, estabelecem a diferença entre pré-história e história. Mas os objectos construídos têm uma eloquência directa própria, que impressiona de igual modo os olhos de todas as gerações, e que pode passar por cima de quaisquer diferenças de culturas e tradições. Sem a

AS ORIGENS DA ARQUITECTURA

frequentação e habituação aos cenários do passado, a tarefa do controle racional do presente e do futuro talvez fosse impossível.

Queremos traçar um breve mapa desse património, e tentar esclarecer as suas partes de forma adequada.

As origens da arquitectura

Fig. 1. Gruta de El Castillo, Santander, Espanha. Mão esquerda aberta, impressa em «negativo» na parede de uma gruta. A impressão é obtida aplicando uma cor em torno da mão apoiada na parede.

1

O homem e o seu ambiente formam-se juntos, no longo inverno do Paleolítico

A capacidade de interagir com o ambiente e de o modificar de algum modo em seu proveito é própria do homem. Depende das transformações anatómicas e fisiológicas do organismo humano, e contribui para orientar essas transformações. Torna-se assim um factor constituinte da condição humana. A evolução do «género» humano, que agrupa várias «espécies» distribuídas por alguns milhões de anos, entrecruza-se com as transformações ambientais nas idades geológicas mais próximas, até ao Plistoceno. A variabilidade das situações territoriais – em especial a alternância de três épocas glaciares principais e três épocas sucessivas de degelo – põe repetitivamente à prova as capacidades de adaptação, que são uma prerrogativa específica do homem. Os vestígios materiais destes processos, acumulados no território circunvizinho, formam gradualmente uma espécie de cenário exterior, coordenado e paralelo às mudanças psicofísicas internas do próprio homem. As relações entre as duas ordens de acontecimentos, por sua vez, não evoluem gradualmente, mas sim por sucessivas «fulgurações» (é este o nome proposto por Konrad Lorenz em *L'altra faccia dello specchio*, cap. II), que fazem opôr-se entre si linhas de experiências separadas e abrem repentinamente campos de possibilidades inteiramente novos.

A paleontologia humana reconstrói, durante todo o período da evolução da espécie, o sincronismo entre as transformações anatómicas e os progressos documentados pelos vestígios ambientais: a conquista da posição erecta que liberta o uso das

AS ORIGENS DA ARQUITECTURA

mãos; a modificação das mãos – dedos curtos, polegar grosso e oponível – que vem na sequência de um milhão e meio de anos de uso de utensílios; a adaptação dos órgãos vocais, que acompanha a evolução da linguagem; as alterações da dentadura, que testemunham as mudanças da dieta; o aumento de peso do cérebro, o desenvolvimento do córtex, o aumento da área do córtex relacionada com a mão e a redução da área do mesmo relacionada com o pé, que testemunham a evolução global dos comportamentos; o conflito entre o aumento do crânio e as modificações dos ossos da bacia relacionados com a posição erecta, que, estreitando as vias do parto, obrigam a antecipar o nascimento e prolongam o período de criação dos filhos, proporcionando mais tempo à transmissão dos comportamentos entre as gerações.

No nosso campo podem apontar-se três limiares, transpostos no período a que a pesquisa arqueológica chama «Paleolítico».

1. *A capacidade de se colocar a si próprio e aos objectos exteriores num espaço unitário.* Esta operação remete para a autoconsciência, que constitui a própria essência da natureza humana, faz de cada homem uma «pessoa» insubstituível, e será a seu tempo reconhecida como a parte divina do homem, o intermediário do relacionamento com a divindade. Na actual pesquisa científica a capacidade de representação espacial, mais do que a consequência de uma autoconsciência que já se possuía, parece ser uma das condições formativas da própria autoconsciência. Lorenz (*Il declinio dell'uomo*, cap. III) reconhece

a integração de um certo número de funções cognitivas pré-existentes. Entre estas, a primeira [...] é a capacidade de representação do espaço. Considero que as formas intuitivas do espaço e do tempo são, na realidade, uma única forma: a forma intuitiva do movimento no espaço e no tempo. A segunda função cognitiva importante que tornou possível [...] a nova função sistemática do pensamento conceptual é uma faculdade de abstracção: a percepção das formas, sem a qual não poderíamos representar objectos constantes em si mesmos. A terceira função cognitiva importante pré-existente em relação ao pensamento conceptual é o comportamento explorativo, que denota um interesse específico pelos objectos do mundo exterior. Foi, sem dúvida, a exploração das coisas contidas no ambiente que levou o indivíduo existente, agora no limiar da sua conversão em homem, a descobrir que a própria mão que apalpa um

O HOMEM E O SEU AMBIENTE...

objecto do mundo exterior é, por sua vez, um objecto do mundo real, não menos do que o próprio objecto. Naquele instante foi lançada a primeira ponte entre o alcançar em sentido manual e o agarrar no sentido da compreensão mental.

A consciência de si e do mundo circunstante, pela sua posição anterior a qualquer prestação específica, não pode ser cientificamente datada. É a centelha, escondida no cérebro humano, que é impossível e talvez contraditório, hoje como no futuro, situar num tempo exacto. O seu carácter universal torna possível, simultaneamente, a compreensão reflexa das situações reais, presentes ou passadas, e a simulação de situações ainda não existentes. No nosso campo, funda a actividade projectual, o circuito entre realidade existente e realidade imaginada. A arquitectura é o conjunto das intenções e das intervenções sobre o ambiente físico, que tendem a formar um sistema em virtude da sua duração no tempo.

2. A capacidade de denotar simbolicamente, e de indicar aos outros, os objectos de todos os tipos – os exteriores e os interiores pensados ou vividos, os conceitos e as emoções – orientando assim, de alguma maneira, a colocação de toda a realidade no tempo, a *res cogitans* e a *res extensa*.

A representação simbólica tem um papel fundamental na difusão da realização de projectos. A possibilidade de representar um objecto complexo através de apenas uma parte das suas características, e de estabelecer a relação das características pré-seleccionadas com o objecto completo, cria a economia mental do pensamento e da capacidade de acção humana. A *linguagem*, que associa aos objectos os sons da linguagem articulada, quebra em todos os campos o isolamento da experiência individual, e torna os seus resultados transmissíveis entre indivíduos. (Mais tarde, a *escrita*, ao registar no campo visual os significados e os sons da linguagem, permite que eles se convertam no património de uma colectividade e possam ser transmitidos à distância, no espaço e no tempo.)

O seu início – o salto que vai da emissão de sinais à convenção simbólica – é também, por definição, não documentável fisicamente e não datável.

Lorenz, no já citado *Il declinio dell'uomo*, exprime-se deste modo:

AS ORIGENS DA ARQUITECTURA

Noam Chomsky considera que o pensamento conceptual surgiu para permitir à espécie dominar o ambiente exterior, e que só num segundo momento o pensamento estabeleceu relações com a linguagem. A favor desta hipótese são apresentados, evidentemente, argumentos bastante convincentes. No entanto, pessoalmente estou convencido de que o pensamento conceptual e a linguagem se foram formando aos poucos.

De qualquer modo, acrescenta, todas as linguagens trazem impressa a associação original entre o pensamento e a representação espacial:

É mais do que provável que todo o pensamento humano tenha tido origem nas acções sem qualquer movimento, num espaço puramente representado. [...] Também a linguagem nos confirma que toda a forma de pensamento é originalmente espacial. No seu livro de 1950, *Il Miracolo del Linguaggio*, Porzig escreve: «a linguagem transforma todas as relações não intuitivas em relações espaciais. Não falo de um grupo particular de línguas, mas de todas as línguas, sem excepções. Esta característica é um dos traços invariáveis da linguagem humana. As relações temporais são expressas de forma espacial: *antes* ou *depois* do Natal, *num período* de dois anos. No que respeita aos processos psíquicos, não só falamos de *exterior* e *interior*, como usamos também termos do género *acima* e *abaixo do limiar* da consciência, como falamos de um *subconsciente*, de *primeiros planos* ou de *fundos*, de *profundezas* e de *estratos* da alma. [...] É desnecessário multiplicar os exemplos. O facto adquire relevância, não só pela difusão universal mas também pelo seu papel decisivo na história da linguagem. Manifesta-se não apenas nas preposições, que originalmente indicam, todas elas, relações espaciais, mas também nos verbos e nos adjectivos». A estas considerações do linguista desejo somente acrescentar que o facto é de uma importância decisiva, não só para a história da língua, mas mais ainda para a evolução filogenética do pensamento pré- e não-linguístico.

3. *A capacidade de colocar num suporte físico as imagens de qualquer objecto visível*, conservando-as indefinidamente e obtendo, com a sua acumulação, um quadro global.

Enquanto os dois primeiros limiares só são documentáveis indirectamente, e são postulados pelo raciocínio, este terceiro deixa uma documentação directa, que pode ser datada e localizada. As imagens que captam o mundo dos objectos reais ou imaginados são visíveis nos locais onde foram traçadas pelos nossos antepassados, e a sua idade pode ser calculada com os meios científicos actuais. Elas constituem os antecedentes imediatos da nossa história, e é importante determinar a sua sequência em todo o curso da evolução humana, que revela o itinerário mental que lhes subjaz.

Fig. 2. Laugerie Haute-Dordogne, França. Pedra de há cerca de 35-40.000 anos, com incisões de linhas paralelas e cruzadas.

Os achados mais antigos – os depósitos africanos de ocra amarela e vermelha (de há 350.000-400.000 anos), as pedras inglesas (amigdalóides) lascadas de modo a respeitar as imagens dos fósseis nelas incorporados (de há 250.000 anos) – comprovam a atenção e o interesse em conservar formas e cores insólitas. As primeiras imagens mentais colocadas num suporte – as incisões em forma de losangos feitas em pequenos blocos de ocra encontrados em 1999 perto da Cidade do Cabo, datadas de há 77.000 anos – parecem, pelo contrário, de natureza abstracta.

Outras imagens mais recentes (de há 40.000 anos para cá) evocam um modelo fixando de alguma maneira as linhas da sua presença física: os sulcos traçados com os dedos na argila mole (fig. 4), as marcas de mãos em positivo e em negativo encontradas em muitos lugares distantes entre si (fig. 1-3). Mas imediatamente

artefactos ocorrida nas épocas posteriores e a insuficiência das explorações arqueológicas recentes. De qualquer maneira, os vestígios da presença humana não correspondem a modelos constantes, como acontece em algumas espécies animais, sendo muito mais diversificados: acampamentos, duradouros ou ocasionais, nas grutas naturais; abrigos provisórios dos caçadores-recolectores durante as deslocações sazonais e as migrações; conjuntos heterogéneos de instrumentos e de restos, que remontam a tempos muito anteriores ao aparecimento do *Homo sapiens sapiens*. Na garganta de Olduvai foi encontrada aquela que é considerada a mais antiga construção humana: um pequeno muro de pedra lávica, em forma de arco, que provavelmente servia de protecção contra os ventos. A caverna de Zhoukoudian, próximo de Pequim, foi ocupada pelo homem entre 460.000 e 230.000 anos atrás. As cabanas de Terra Amata, perto de Nice – abrigos sazonais feitos de ramos com lareira ao centro, acompanhando aquela que era então a linha da costa – foram datadas de há cerca de 400.000 anos. Outros locais de fixação do Paleolítico médio (entre 730.000 e 35.000 a.C.) foram identificados na Rússia meridional (Ilskaia), na Hungria (Tata), em Pamir (Teshik Tash), e na China (Tingtsun, Mapa). Do Paleolítico superior (35.000-10.000 a.C.) as descobertas multipli-

Fig. 5. Olduvai, Tanzânia. Superfície paleolítica escavada por M. D. Leakey, que a interpreta como base de uma cabana. As pedras são indicadas a negro e os ossos a branco.

O HOMEM E O SEU AMBIENTE...

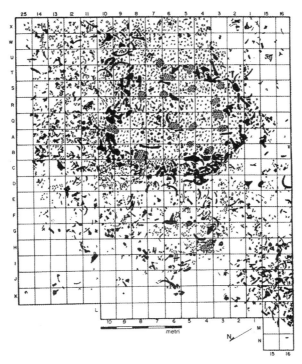

Fig. 6. Moldávia I, no vale do Dniester. Planta de uma habitação de há cerca de 120-130.000 anos.

cam-se e testemunham o dinamismo dos grupos humanos nessa época: as bem conhecidas grutas espanholas e francesas – Arcy, Altamira, Lascaux, La Madeleine –; os acampamentos de Picevent e Etiolle na bacia de Paris; os abrigos dos caçadores de mamutes na Ucrânia; os povoados na Ásia Central (Kokorevo), no Alasca (Old Crow Flats), África do Sul (Border Cave).

As tipologias de construção dos caçadores-recolectores que sobreviveram em épocas recentes e que foram estudados pelos etnólogos (os nómadas da Índia Meridional, os australianos, os indígenas da Amazónia) – os guarda-ventos de formas variadas, em arco, oblíquos, rectangulares; a cabana em arco e as modificações por que passou até à gigantesca cabana colectiva dos Yonomano, constituída pela montagem, em sequência, de muitas cabanas oblíquas que encerram o espaço circular comum – proporcionam

AS ORIGENS DA ARQUITECTURA

fala Gehlen em *L'uomo*, 1940). É um jogo de renovação, obstinado e subtil, que detecta no ambiente os elementos utilizáveis e os explora para corrigir, em parte, a sua preponderância. Por trás deste jogo transparece a ginástica material e mental, que está na base de todos os acontecimentos que se seguirão. A relação entre o homem e a terra está hoje substancialmente alterada: o homem é capaz de transformar globalmente – de melhorar, piorar e eventualmente destruir – o planeta em que teve origem. Mas, no cosmo que a sua ciência revela, a sua condição ainda não mudou, depois de tantos progressos: o homem é ainda um hóspede anómalo e solitário («um cigano» – escreve Monod em *O Acaso e a Necessidade*, 1970).

Ao longo deste caminho entrevê-se uma história relativamente recente, diferente de qualquer outra, que se liga ao presente e imprime a todo o percurso intermédio um carácter unitário: o aparecimento da espécie actual, o *Homo sapiens sapiens*, que substituiu em toda a parte as espécies anteriores. Este resultado parece apontar para a dependência de um acontecimento único e não repetível, e para esta conclusão convergem, até agora, tanto as provas arqueológicas como os estudos feitos ao ADN dos grupos humanos vivos (foi demonstrado que os grupos não africanos têm uma história que não ultrapassa os 100.000 anos). A espécie actual, nascida provavelmente em África, propagou-se durante o último período glaciar em todas as terras que emergiram nos dois hemisférios, muitas vezes ligadas entre si pelo abaixamento do nível dos mares, substituindo ou absorvendo os grupos humanos precedentes. Nenhuma particularidade anatómica relevante distingue os nossos antepassados de então dos seis biliões de descendentes que hoje povoam a Terra. No que respeita aos equipamentos técnicos e culturais tudo mudou, mas não a marca comum, reconhecível nos desempenhos fundamentais.

Esta observação é particularmente importante no campo que estamos a tratar. A história geral da arquitectura não se apresenta como um feixe de experiências separadas, mas sim como uma árvore de experiências conexas e comensuráveis. A complexidade

---

Fig. 10 e 11 (*na pág. seguinte*). O mundo no último período glaciar. *Em cima*: as zonas ocupadas pelos gelos e as águas retidas nas massas continentais (cf. Baldacci); *em baixo*: a Europa no Plistoceno, com os glaciares e as antigas linhas da costa (cf. Clark, 1986).

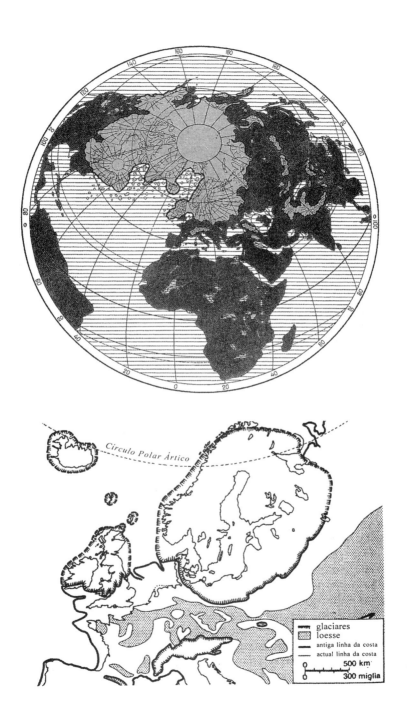

AS ORIGENS DA ARQUITECTURA

Uma coisa é certa. Esta arte não nasce grosseira e «primitiva» para depois evoluir, para se tornar a pouco e pouco culta e refinada. Qualquer juízo evolucionista tem de sucumbir perante a sabedoria das primeiras imagens, perante o esquematismo intencional que explica o essencial, em suma, perante uma organicidade que tende a exprimir-se pela abstracção. Este dado, de facto, é fundamental para entender o conjunto de imagens que se sucede ao longo dos milénios: a evolução está presente passo a passo, e de modo notável, na temática; mas não o está – pelo contrário, deu-se uma regressão – na perícia da arte.

É certo que as representações paleolíticas dão início a uma aventura da qual emergirão, nas épocas posteriores, as experiências figurativas de toda a espécie, artísticas e técnicas. Mas seria errado considerá-las esboços imperfeitos das obras posteriores. Pelo contrário, aquelas primeiras imagens possuem uma plenitude e uma complexidade que depois diminuirão, através de um processo de selecção e simplificação. Os elementos da arquitectura, das artes visuais e, de certo modo, do discurso lógico e emocional, encontram-se momentaneamente incorporados num processo unitário, ao passo que posteriormente encontrarão instrumentos e técnicas diferenciados.

Continuando no campo visual, as representações paleolíticas não são apenas imagens paradas, que isolam, no fluxo dos acontecimentos reais, uma situação sintetizada – como depois se tornará habitual –, mas que seguem o dinamismo do mundo exterior com séries de imagens encostadas e sobrepostas (fig. 12), combinam livremente partes de imagens heterogéneas (fig. 8 e 20), misturando reproduções de situações existentes e de situações projectadas. A própria distinção entre imagens e suporte parece esbatida: as irregularidades do suporte são, de preferência, incorporadas nas figuras, como se as escolhas figurativas fossem o desenvolvimento de um tema pré-existente no próprio campo da representação. Os mundos natural e artificial formam um conjunto contínuo, receptivo a qualquer alteração.

As representações visuais por vezes saem do campo das formas visíveis e englobam fenómenos de outro género, acústicos ou até mesmo mentais, como se a euforia desta aventura quisesse invadir prematuramente todos os campos da experiência humana, para os quais se encontrarão depois as linguagens específicas. Emmanuel Anati, descrevendo o panorama total das descobertas paleolíticas

(*Origini dell'arte e della concettualitá*, 1988), tentou distinguir três categorias de sinais:

pictogramas (e mitogramas): figuras em que pensamos reconhecer formas identificáveis, antropomórficas, zoomórficas e de objectos reais ou imaginários;

ideogramas: sinais repetitivos e sintéticos que são por vezes interpretados como flechas, paus, símbolos fálicos, símbolos vulvares, discos, etc. A sua repetitividade e associação parecem indicar a presença de conceitos induzidos e convencionais. Muitos dos arquétipos de difusão mundial pertencem a esta categoria. Estranhamente, são sinais que reencontramos, quase idênticos, milhares de anos mais tarde, nos ideogramas das primeiras escritas pictográfico-ideográficas da China, da Mesopotâmia, do Egipto e outras;

psicogramas: sinais em que não se reconhecem e em que não parecem estar representados nem objectos nem símbolos. São impulsos, descargas violentas de energia, que podiam exprimir talvez sensações como o calor ou o frio, a luz ou as trevas, a vida ou a morte, o amor ou o ódio, e até percepções mais subtis (fig. 13, 14 e 15).

As diversas categorias são frequentemente associadas e não separáveis. Nos pictogramas aparecem, juntamente com as figuras de homens, animais e objectos, figuras a que Anati chama *topográficas* e *tectiformes*, que fundem as várias figurações e remetem directamente para o futuro mundo da arquitectura.

Fig. 13. Gruta de Niaux, Ariège, França. Um bisonte e uma série de ideogramas.

AS ORIGENS DA ARQUITECTURA

Na Europa ocidental – e em outros lugares com o mesmo clima, muito menos explorados até agora – as figurações paleolíticas são por vezes agrupadas nas grandes grutas, que são os primeiros refúgios estáveis usados pelo homem durante muito tempo. Habitações colectivas? Templos? Fortalezas? Não interessa, neste capítulo, discutir qual o seu uso, e muito menos adoptar, para as decorações pintadas e esculpidas, os conceitos inventados em épocas recentes: «arte», «impulso estético», «mestria individual», «estilo colectivo», como muitas vezes se tem feito. As noções apropriadas, válidas para todo o longo período, são «a curiosidade e o jogo» (Lorenz), a que as ciências modernas do homem atribuem um papel tão im-portante.

Esta experiência pode ter sido associada à religião ou a outros comportamentos sociais; mas estes desapareceram, ao passo que a experiência que lhes subjaz é adquirida de modo estável, e reaparece no passo inicial (980 b) da *Metafísica* de Aristóteles:

Todos os homens têm o desejo natural de conhecer. É prova disso o deleite que experimentam através das sensações, que amam, independentemente de qualquer vantagem, por elas mesmas, principalmente as da vista. De facto, pode dizer-se que mais do que qualquer outra coisa desejamos ver, e não apenas para executar, mas também quando não nos propomos nenhuma acção: isto porque a vista é, de todos os sentidos, aquele que, apresentando maior número de diferenças, nos permite conhecer mais.

Para a nossa história há que dar relevância ao facto fundamental de qualificar, com uma intensificação de sinais, um espaço isolado do território mas bastante grande para lhe poder ser comparado, na fronteira entre a luz natural e a obscuridade dispersa pelos meios de iluminação artificial (o fogo é conhecido há tempo considerável). A arquitectura – isto é, um cenário artificial, idealizado e construído pelo homem para as suas exigências – ainda está para vir. Mas já se encontram presentes alguns instrumentos mentais desse trabalho, ou seja, as noções fundamentais: o projecto, a escala, as vistas parciais, que se converterão nas plantas, nos alçados, nas secções, nas vistas de conjunto. A captação mental do modelo mediante a imagem pode nascer como magia preparatória para a captura real de uma presa, como pode fazer pensar na frequência das figuras de animais que podem ser caçados. Os

O HOMEM E O SEU AMBIENTE...

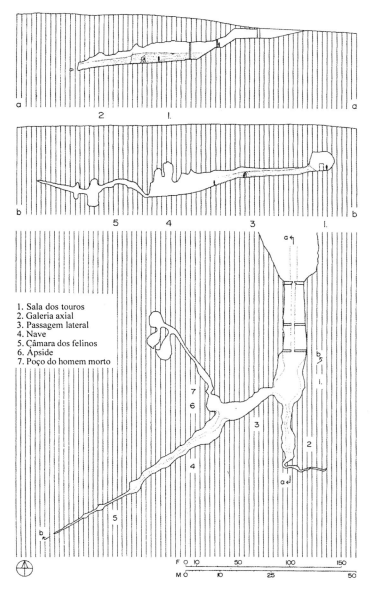

Fig. 17. Gruta de Lascaux, Dordogne, França. Corte e planta (cf. Kostof).

AS ORIGENS DA ARQUITECTURA

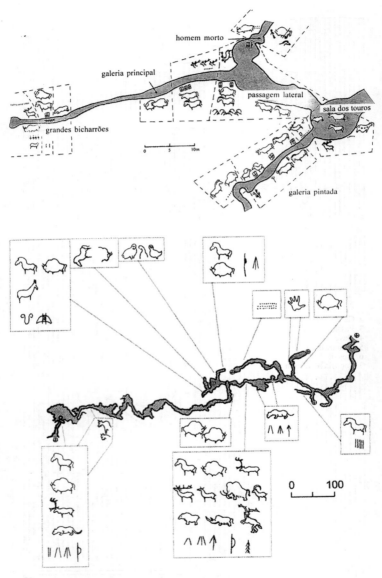

Fig. 18 e 19. Gruta de Lascaux, Dordogne, e Tuc d'Audoubert, Trois Frères, Ariège, França. Planta. São indicados os lugares onde se encontram as representações figuradas.

Fig. 20. Monticello, Utah, EUA. Uma complexa gravação rupestre.

AS ORIGENS DA ARQUITECTURA

ritos contemporâneos foram esquecidos, mas a verdadeira magia, adquirida de modo estável para a condição humana, é o circuito entre as imagens mentais e o universo físico, e – quando os meios técnicos forem adequados a esse fim – a transposição das imagens pensadas e desejadas para as correspondentes realizações físicas (que corresponde, em arquitectura, a passagem do projecto à execução), que permitirá acumular nos artefactos artificiais uma quantidade infinita de cálculos e de pensamentos.

A intensificação e – dir-se-ia – a impaciência com que se acumulam nos últimos milénios do Plistoceno as representações do ambiente físico sugerem uma reflexão conclusiva. Em relação ao território, o pensamento espacial acumulou durante um período de tempo muito longo um património de conhecimentos que permitiu ao homem movimentar-se, senhor da situação, nos seus muitos cenários de vida: a floresta, depois a savana, e depois os ambientes climáticos variáveis que se sucedem no Plistoceno, alterando, de cada vez, os seus comportamentos e o seu próprio património filogenético. A «arquitectura» – o conjunto das modificações introduzidas no ambiente, para o adaptar às exigências humanas – é a inversão deste processo, isto é, a restituição, ao ambiente natural, de um cenário imaginado, capaz de perdurar no tempo e de condicionar os variáveis comportamentos humanos.

Tudo isto é bloqueado no período paleolítico simplesmente pela enorme desproporção dos meios técnicos em relação aos objectivos. No final deste período, os interesses ambientais estão todos comprimidos na representação do mundo, real ou imaginado, a qual se torna, até, redundante. A revolução neolítica proporcionará a esta situação uma via de saída, e as energias comprimidas na representação serão libertadas na construção acelerada do primeiro cenário humanizado.

2

A fixação e a tomada de posse do território, na primavera neolítica

O fim do período glacial de Wurm, que assinala a passagem do Plistoceno ao Holoceno, há cerca de 10.000 anos, transforma o ambiente geográfico em todos os continentes já povoados pelo homem. Os bancos de gelo recuam em direcção aos pólos, as florestas desenvolvem-se na mesma direcção, as estepes e os desertos aumentam nas latitudes inferiores. Com a fusão dos gelos, o nível dos mares sobe até 130 metros, e mais da vigésima parte das terras emersas ficam debaixo de água, mudando a geografia do planeta (dentro desta faixa de profundidade encontram-se alguns artefactos de difícil interpretação).

Em algumas áreas da faixa intermédia, entre a floresta e os desertos, o homem aprende a fixar-se e a modificar o território de maneira estável, cultivando plantas e criando animais. Torna-se possível um forte aumento da população, e alteram-se de modo decisivo as relações dimensionais entre o homem e o ambiente: se um caçador-recolector precisa de 10 quilómetros quadrados de território, a um agricultor-criador basta meio quilómetro quadrado de terreno seco e um décimo de quilómetro quadrado de terreno irrigado. A nova cultura caracterizada por estas inovações, mas sem escrita e com a população espalhada por aglomerados de pequenas dimensões, é chamada *neolítica*, em oposição à *paleolítica*.

A medida da importância deste período é dada por algumas aquisições fundamentais, determinantes mesmo para todo o futuro: a selecção das plantas e dos animais «domésticos» que

AS ORIGENS DA ARQUITECTURA

constituem a bagagem duradoura da existência humana, a invenção das principais indústrias, a cerâmica, a carpintaria, a tecelagem, os inícios da metalurgia, e, juntamente com estas, o empenho tecnológico destinado a modificar progressivamente o cenário terrestre. A sua distribuição no tempo varia consideravelmente nas diversas regiões da Terra. No Médio Oriente e no Mediterrâneo oriental pode situar-se entre os milénios IX e IV a.C., quando aparecem as primeiras cidades e os primeiros documentos escritos. No Mediterrâneo ocidental e na Europa voltada para o Atlântico prolonga-se até ao segundo milénio a.c., quando se dá a unificação económica e política do espaço euroasiático. Na Ásia Oriental a civilização urbana dá-se entre o terceiro e o segundo milénios a.c. Nas Américas todo o processo se situa mais adiante no tempo, e prossegue coerentemente até ao segundo milénio d.c., quando é interrompido pela colonização europeia.

É um processo que acontece gradualmente, passando por algumas vicissitudes, tanto que a sua fase inicial é muitas vezes designada por um adjectivo especial: «mesolítica». A duração total — 5.000 anos em números redondos — equivale mais ou menos a toda a aventura que se lhe seguiu, desde as primeiras cidades até aos nossos dias, e por isso nos parece muito longa. Mas a comparação mais significativa é com a época paleolítica precedente, que, só com a fase «superior» de que falámos, ocupa um período de tempo dez vezes maior. É a aceleração entre os dois períodos que faz uma diferença decisiva. Cada uma das 200 gerações compreendidas neste período, uma vez que passa por mudanças perceptíveis, avalia por analogia as mudanças passadas, vividas pelas gerações precedentes, e prevê as mudanças futuras, a viver pelas próximas gerações. Deste modo se forma uma cadeia de recordações, que aproxima no tempo os destinos individuais, e que a certo ponto se achará que é necessário registar com o instrumento da escrita.

Assim, num espaço de tempo muito breve, ocorre um extraordinário esforço físico e mental, que introduz na vida do homem os produtos e os espaços projectados por ele mesmo, em alternativa aos espaços e aos ambientes naturais. No longo período do Paleolítico, o homem adapta a sua vida ao ambiente, propagando-se assim a toda a superfície terrestre. A partir do Neolítico, o homem adapta o ambiente à sua vida, ocupando-se com intervenções a longo e a longuíssimo prazo, e começando a transformar a Terra.

O Neolítico é a primeira fase desse processo. O equilíbrio entre

A FIXAÇÃO E A TOMADA DE POSSE DO TERRITÓRIO...

o suporte natural e as modificações humanas, atingido precocemente, nunca mais foi igualado e vale como demonstração exemplar para toda a aventura que se segue. A ausência da escrita e a limitação dimensional das comunidades, de que atrás se falou, não impedem, pelo contrário facilitam, o registo das intervenções, porque salvaguardam, como observa Claude Lévi-Strauss, a autenticidade das relações interpessoais, essencial numa fase inventiva (no capítulo XVII de *Antropologia Estrutural*, 1958, o autor comenta «a perda de autonomia que resultou da expansão das formas indirectas de comunicação» e cita uma passagem da *Cibernética* de Wiener: «Não admira que comunidades mais extensas transmitam muito menos informações válidas do que as comunidades mais pequenas, ou seja, nada daqueles elementos humanos em que se apoiam todas as comunidades»). O antropólogo, do seu ponto de vista, acrescenta que os resultados alcançados neste período têm um valor objectivo sem paralelo, e são, até hoje, decisivos: «Dependemos ainda das enormes descobertas que assinalaram aquela que se chama, sem de facto exagerar, a revolução neolítica: a agricultura, a criação de gado, a cerâmica, a tecelagem. A todas estas 'artes da civilização' há oito ou dez mil anos que nos temos limitado a introduzir apenas aperfeiçoamentos».

O advento da agricultura, que ocorre independentemente em quase todas as sociedades humanas, é levado em conta nesta nossa exposição pelas suas consequências gerais na relação entre o homem e o ambiente. Não existem ainda explicações fiáveis acerca das causas externas e internas deste acontecimento. A inovação da agricultura não produz vantagens imediatas. Em comparação com o caçador-recolector, o agricultor dedica tanto ou mais tempo ao trabalho. M. D. Sahlins (em *Âge de pierre, âge d'abondance*, 1976) calcula que o tempo mínimo necessário para o trabalho agrícola é de três horas e meia por dia, e que o tempo para a caça varia entre três e cinco horas por dia. O agricultor dispõe de menos carne na dieta, tem menos segurança quanto à disponibilidade de alimentos no caso de uma má colheita e está dependente, para a sua sobrevivência, de factores climáticos externos e insondáveis.

A agricultura, segundo o botânico Hans Helbaek, tem início quando o homem é capaz de cultivar as plantas fora do seu ambiente natural, provocando voluntariamente mutações genéticas nas espécies úteis para o seu sustento. Isto significa, naquilo que nos diz respeito, que o homem determina um novo ambiente artifi-

AS ORIGENS DA ARQUITECTURA

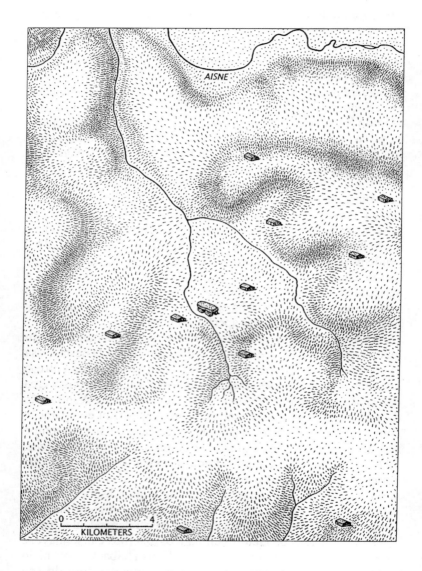

Fig. 21. Os povoamentos tardoneolíticos da região de Vaux, França (cf. «Scientific American»). As residências individuais das famílias encontram-se dispersas pelo território; ao centro, um monumento funerário comum, referido como dólmen no desenho.

A FIXAÇÃO E A TOMADA DE POSSE DO TERRITÓRIO...

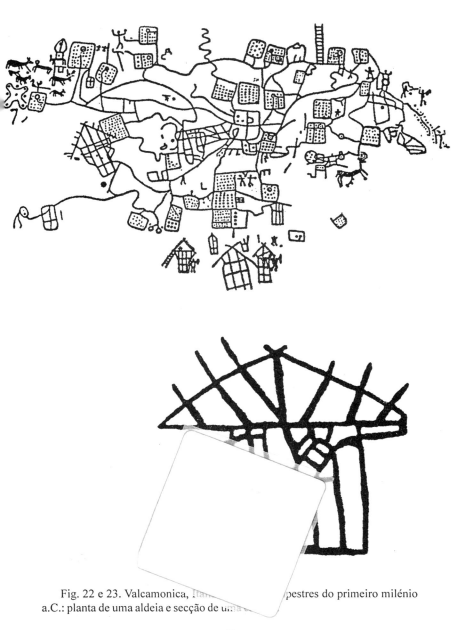

Fig. 22 e 23. Valcamonica, Itália, gravuras rupestres do primeiro milénio a.C.: planta de uma aldeia e secção de uma casa.

AS ORIGENS DA ARQUITECTURA

cial – à sua medida e no seu interesse – onde pode fazer crescer e transformar as espécies vegetais e animais. É violentamente posta em crise uma visão que até aqui tinha caracterizado a história da humanidade: a inseparabilidade do mundo humano do mundo natural e animal. O homem, agora, pode considerar-se numa posição diferente e dominante em relação às outras criaturas: selecciona as espécies adequadas à cultura e à criação, prepara os terrenos através do desmatamento, transforma com método e constância o mundo inanimado da paisagem, a forma dos lugares. Nasce a tarefa aventureira de «forçar a natureza», o que no campo religioso é considerado umas vezes um título de superioridade e outras uma transgressão a expiar.

O trabalho agrícola e a criação pressupõem uma capacidade de previsão que vai para além da vida de um simples indivíduo. Exigem projectos de longa duração, cujos efeitos se manifestarão muito tempo depois. A vida das comunidades que sobrevivem com a caça e a recolha é, necessariamente, mais táctica do que estratégica, feita de decisões rápidas. A economia agrícola e de criação de animais requer previsões estratégicas e prospectivas de longo e de longuíssimo prazo (existem estádios intermédios entre as duas opções, porque os processos de selecção e de domesticação se desenrolam ao longo de grandes períodos de tempo). Mas a aquisição das prospectivas de longa duração provoca uma alteração psicológica definitiva, comporta novas noções sobre a hereditariedade, sobre a sucessão, sobre a distinção entre propriedades privadas e colectivas.

A ocupação contínua de um lugar tem como consequência imediata a construção de moradias e a delimitação dos espaços de uso. Deixa de ser indispensável concentrar e comprimir tudo o necessário para o desenvolvimento das actividades humanas nas dimensões e no peso da bagagem transportável de um indivíduo. A sedentariedade altera as tecnologias aplicadas aos artefactos e aos utensílios, implica a construção de habitações e armazéns estáveis, a defesa e a manutenção de campos e de cursos de água.

Esta base de subsistência permite também acumular os eventuais excedentes sazonais. A programação dos excedentes permite: uma maior densidade de população, maiores aglomerados de indivíduos, o uso de tecnologias mais complexas e pesadas, a disponibilidade de artefactos fixos e não transportáveis, sistemas sociais mais complexos e o reconhecimento de hierarquias.

A FIXAÇÃO E A TOMADA DE POSSE DO TERRITÓRIO...

Juntamente com tudo isto aparece a *arquitectura* em sentido próprio, ou seja, a capacidade de conhecer e modelar o território habitado. Tem interesse descrever de modo geral os seus resultados e definir as suas características fundamentais, que provêm do património genético unitário da família humana, posto à prova numa ampla variedade de paisagens terrestres.

Muitas das áreas onde este processo se desenrola encontram--se mesmo entre as mais densamente habitadas nos dias de hoje, e os acontecimentos sucessivos eliminaram em grande parte os vestígios dos artefactos neolíticos. Os que sobreviveram ou que são documentados pelas escavações arqueológicas testemunham, no entanto, uma inesperada multiplicação de intervenções, num espaço ilimitado, aberto pela primeira vez à iniciativa organizada do homem.

O conceito de «projecto territorial» deve ser convenientemente definido, para que readquira a novidade que tinha há 10.000 anos e pôr de parte, se for possível, os significados que lhe atribuímos hoje, após 5.000 anos de cultura urbana.

A suavização do clima, a fixação no território, as suas transformações com vista à agricultura e à criação de gado, a instalação estável das colectividades humanas em algumas áreas, o próprio aumento numérico dos indivíduos, invertem em parte a relação entre o homem e a natureza durante o longo inverno do Paleolítico. A relação deixa de ser esmagadora e desequilibrada, e o homem adquire uma margem activa para modificar o território de modo sistemático e não acidental.

Na nitidez e na repetição dos sinais traçados na superfície terrestre entrevemos a intrepidez desta inversão e a confiança em continuá-la indefinidamente. No entanto, a presença objectiva do suporte territorial não é abalada, pelo contrário adquire prestígio, porque se torna possível medi-lo melhor e é impensável contrapor--lhe uma paisagem diferente, arquitectada pelo homem. Usando uma linguagem actual, pode dizer-se que as estruturas neolíticas decoram o espaço natural, utilizando eventualmente os seus materiais – a terra batida, a argila, as pedras, as madeiras e os outros elementos apropriados, desde essa época, para a tecnologia da construção civil – mas imprimindo-lhe um carácter intelectual que denota o novo agente que surgiu no mundo, o sujeito pensante: pedras verticais, pedras em filas rectilíneas, pedras alinhadas em círculo. Os acabamentos assemelham-se aos naturais, ou talvez

AS ORIGENS DA ARQUITECTURA

estes sejam imitados intencionalmente (o desbaste dos materiais detém-se num ponto que não se afasta muito do seu estado precedente), para exprimir o desejo de os integrar nesse mundo. O elemento distintivo pertence a outra ordem, abstracta, universal, e surge na paisagem geológica como uma inovação absoluta. Desde que o espaço terrestre se encontra inteiramente disponível para a difusão da espécie humana, o homem assinala as suas conquistas com a marca que é apenas sua: a ordem geométrica e cósmica reconhecida pela mente.

Este primeiro ciclo de experiências arquitectónicas, escondidas e esquecidas durante muito tempo, é um precioso termo de comparação para os projectos actuais. Pode tentar-se enumerar as suas características recorrentes. A *novidade* e a *espontanei-*

Fig. 24. North Yorkshire, Grã-Bretanha. Os fossos paralelos de Scarmridge, pré-históricos, não parecem ter sido projectados para fins defensivos, mas sim para acentuar uma barreira geográfica.

A FIXAÇÃO E A TOMADA DE POSSE DO TERRITÓRIO...

dade – nesta, como em outras mutações sucessivas – explicam o *arrojo* dos propósitos e a *plenitude precoce* dos resultados. Estão já presentes (dir-se-ia que desde o início) os instrumentos mentais de base que permitem generalizar o processo de realização de projectos:

– a referência às três dimensões do espaço – *comprimento* e *largura* para medir as superfícies horizontais, e *altura* para medir os desníveis – que encontra um paralelo anatómico nos três canais semicirculares do ouvido que se destinam a regular o sentido do equilíbrio, e que se converte na regra intelectual que está na base da geometria euclidiana;

– a observação de que o peso – a gravitação em direcção ao núcleo da Terra – se exerce na *vertical*, o que torna possível dar

Fig. 25. O círculo de Borgard, ilhas Órcades, Grã-Bretanha. Monólitos que adquiriram estabilidade na posição vertical.

AS ORIGENS DA ARQUITECTURA

estabilidade a pilares e paredes erigidos verticalmente, como acontece no corpo humano, cuja anatomia se transformou para se adaptar à posição erecta;

– a associação entre dois ou mais elementos verticais e um elemento horizontal, erguido a uma certa distância do solo. A combinação fundamental entre dois *pilares* e uma *arquitrave* (o dólmen) dá origem a qualquer estrutura tridimensional colocada no espaço geométrico;

– o uso frequente – mas não exclusivo – da *simetria*, bilateral (os templos de Malta) ou radiada (Stonehenge), para conferir individualidade e carácter a uma construção complexa. No que respeita à simetria bilateral, note-se que Norman M. Ford (*Quando Começo a Existir?*, 1988) faz coincidir o início da formação de

Fig. 26. Dyfed, Grã-Bretanha. Uma laje de cobertura apoiada em pilares; originalmente, o monumento estava encerrado num túmulo de terra.

A FIXAÇÃO E A TOMADA DE POSSE DO TERRITÓRIO...

um indivíduo, na segunda semana de desenvolvimento do embrião, com o aparecimento da «estria primitiva» que virá a ser o eixo de simetria do organismo. Estas duas referências – verticalidade e simetria bilateral – estabelecem uma relação subjectiva entre o homem e as suas construções, que dura ininterruptamente por muito tempo;

– a capacidade de transformar as construções artificiais em *modelos* estáveis (ainda em analogia com as espécies dos seres vivos, animais e vegetais), associados a determinados usos ou

Fig. 27. Vista aérea de Callanish, ilhas Hébridas, Grã-Bretanha. O monumento é uma composição simétrica de alinhamentos de pedras: dois percursos ortogonais que se cruzam dentro de um círculo.

AS ORIGENS DA ARQUITECTURA

Fig. 28. Stonehenge, Mid-Wiltshire, Grã-Bretanha. A orientação está de algum modo relacionada com a observação dos movimentos celestes.

significados. Nasce a possibilidade de escalonar, em tempos diferentes, as opções dos projectos: as que têm como fim pôr em ordem os modelos, e as que se destinam a adaptá-los às situações específicas; esta economia de pensamento permite, a partir desse momento, um aperfeiçoamento dos resultados que ultrapassa os limites próprios da experiência individual;
 – a capacidade de relacionar as construções e as suas associações com o universo global, *orientando-as* de acordo com o movimento dos astros. A partir das posições do Sol durante o dia e durante o ano deduzem-se os pontos cardeais e a simetria geral da abóbada celeste, em que tem lugar todo o cenário da crosta terrestre;
 – o uso das representações esculpidas e pintadas como *acabamentos* e *elementos focais* dos espaços arquitectónicos, numa relação de associação que prosseguirá em todo o futuro. A variedade infinita das imagens precedentes é reconduzida a uma disciplina arquitectónica, que prevalecerá a partir de agora;
 – o propósito e a capacidade de realizar alojamentos e construções duradouros, desafiando a estabilidade da paisagem natural.

A FIXAÇÃO E A TOMADA DE POSSE DO TERRITÓRIO...

Fig. 29. Túmulo de Gavrinis, França. Um interior decorado com motivos abstractos e símbolos.

O trabalho agrícola e a criação de gado são actividades que pressupõem uma capacidade de previsão que vai para além da vida biológica de um indivíduo e requerem uma série de operações relacionadas entre si. Este modo de proceder estende-se à realização das construções necessárias à fixação dos grupos humanos num determinado lugar, e o objectivo de duração é incorporado, de algum modo, no cenário arquitectónico. Surge aquilo a que mais tarde se chamará *planificação*, e a vontade de confiar a algumas construções funções colectivas a longo prazo.

O repertório das obras, embora variável de acordo com os lugares e os tempos, obedece a um número limitado de modelos,

AS ORIGENS DA ARQUITECTURA

muitas vezes idênticos, em ambientes e épocas muito distantes.

Esse parentesco remete fortemente para as estruturas constantes do cérebro humano, o que faz com que pareça que quase todas as tipologias da arquitectura neolítica tenham sido inventadas muitas vezes, em ocasiões e em circunstâncias independentes.

Num primeiro tempo, a produção da construção civil acompanha sobretudo o crescimento demográfico tornado possível pelas novas técnicas de produção, e a necessidade de estabilizar as estruturas habitacionais nos lugares onde se exercem as actividades agrícolas e pecuárias. Aos abrigos precários e multiformes seguem-se moradias duradouras, construídas com materiais uniformes e adequados para serem agrupados em aldeias. A referência às formas geométricas mentais está na origem da predominância de duas figuras planimétricas: o círculo – próprio, sobretudo, para caracterizar uma construção individual – e o rectângulo, que facilita a associação de várias construções orientadas da mesma maneira, e se torna predominante com o decorrer do tempo (o mais antigo achado de uma cabana rectangular ocorreu em Jarno, no Iraque, e remonta a 6.500 a.C.). É sobremaneira significativo que estas duas figuras sejam pensadas como «plantas», isto é, secções horizontais a partir das quais nascem, verticalmente, as paredes da construção. Também os materiais mudam, segundo uma sucessão constante: a palha e a madeira são substituídas por materiais mais estáveis – a argila e a pedra.

O cenário assim concebido presta-se para alojar todo o tipo de funções, que numa primeira etapa parecem ser totalmente permutáveis. Posteriormente, nasce a exigência de lhe contrapor estruturas separadas, com formas excepcionais, pensadas em função de um ambiente mais amplo e de uma maior duração (não estamos em condições de precisar de modo mais pormenorizado esta intenção, por não dispormos das noções adequadas).

Também na cerâmica e na tecelagem – as primeiras indústrias da época neolítica, difundidas em todos os continentes – aparece quase de imediato a ornamentação abstracta, que diferencia estes utensílios dos produtos apanhados directamente do ambiente, com surpreendentes analogias entre lugares e épocas não associáveis entre si.

As características acima enumeradas tornam-se, a partir de então, as regras universais da arquitectura. Constituem a base comum de cada experiência específica, em todas as partes do mundo

50

A FIXAÇÃO E A TOMADA DE POSSE DO TERRITÓRIO...

e em todos os períodos, fazendo com que todas elas sejam reciprocamente compreensíveis. Voltamos à comparação entre arquitectura e linguagem, de que falámos no capítulo anterior. Segundo Chomsky, todas as línguas do mundo possuem um património de regras comuns, fixadas geneticamente, que se activam no momento em que se faz a aprendizagem de uma língua específica. O seu aluno Mark Baker considera-as como regras gramaticais (cerca de trinta «parâmetros» ou «interruptores», que se seleccionam durante a aprendizagem). As regras de construção neolíticas surgem mais tarde, num tempo mais limitado, mas com uma base objectiva, formada pelas leis físicas e já incorporada na estrutura anatómica e fisiológica do homem. O reconhecimento da homogeneidade entre o homem e o seu invólucro artificial pode considerar-se um «relâmpago» recente, que produziu efeitos duradouros no curto período de tempo que decorreu desde o Neolítico até hoje, uma dezena de milénios apenas, fazendo uso de heranças genéticas muito anteriores.

O conjunto destas conquistas dá um novo conteúdo, desta vez sistemático, à noção de arquitectura. A arquitectura toma a seu cargo (reproduz e reelabora) a totalidade da paisagem natural, com uma confiança jamais superada. A procura da qualidade, já presente nas construções paleolíticas – que a cultura ocidental designará, muito mais tarde, como «arte», e que no nosso campo inclui a misteriosa transformação das quantidades em qualidades –, adquire agora uma aceleração repentina e está patente precisamente no tema que é mais difícil para nós: a composição de conjunto, a integração das intervenções artificiais no conjunto paisagístico.

A capacidade de executar projectos em grande escala é particularmente sugestiva. As qualidades características das realizações neolíticas são a prodigalidade na utilização do espaço, naquele tempo quase sempre ilimitadamente disponível, a segurança na adaptação das construções ao suporte natural (nomeadamente na avaliação do aspecto à distância, junto a uma relativa indiferença pelos acabamentos observáveis de perto, que copiam, como dissémos, a irregularidade da natureza), a tendência para proporcionar o convívio das formas naturais com as artificiais, mesmo em arranjos muito elaborados: qualidades que se atrofiam nas épocas posteriores, em que o campo da arquitectura se reduz aos espaços limitados dos recintos urbanos.

A nomenclatura moderna distingue a «medida» absoluta de um

AS ORIGENS DA ARQUITECTURA

objecto e a «escala», isto é, a relação com os outros objectos e o ambiente que os contém. Fazendo uso destas palavras, teremos de dizer que a arquitectura neolítica não tem problemas em afastar--se das medidas do corpo humano, mas mantém-se infalivelmente em escala com a paisagem circundante. A referência antropométrica como regra geral é uma conquista posterior, própria da arquitectura urbana e antagonista da referência paisagística. As medidas inusitadas de algumas construções neolíticas – edifícios ou figurações – não parecem ter como ponto de referência o homem e os seus usos (poderíamos dizer que têm um objectivo estético, esquecendo a origem muito mais tardia deste adjectivo). Não criam, sobretudo, um espaço interior isolado – ou criam-no com uma discrição especial, como um refúgio escondido, nas primeiras aldeias do Próximo Oriente e nos templos malteses – ao passo que modificam com ousadia o espaço exterior, no qual tendem a integrar-se.

O campo das decisões que daí resultam – a decisão do lugar onde colocar as construções artificiais, o cálculo das vantagens e desvantagens derivadas do confronto com a paisagem aberta, o jogo subtil entre aceitar e contrariar a situação dos lugares – tornar--se-á mais tarde quase impraticável (na cidade, as imposições originadas pelo aglomerado de construções já existentes são preponderantes, a escolha do local é quase sempre predeterminada e as possíveis alternativas são limitadas). Na época mais recente, um dos artistas mais inteligentes, Gian Lorenzo Bernini, chega a dizer que a capacidade de um arquitecto consiste em reconhecer os defeitos de um lugar e em saber transformá-los em méritos. A enorme liberdade proporcionada pela paisagem neolítica é, para nós, quase impossível de conceber. A felicidade de nos sabermos mover num contexto semelhante, em grande parte esquecida, é um segredo extraordinário que os estudiosos começaram a entrever e que oferece um estímulo especial aos arquitectos contemporâneos.

Este ciclo de experiências, que se distingue bem daquele que o precede e daquele que se lhe segue – para o qual podemos propor um nome, «arquitectura territorial» – deve ser observado de mais perto, tendo em conta, antes de mais, a base tecnológica.

As instalações neolíticas, tão desmedidas, esmeradas e complexas, foram realizadas com poucos materiais – terriço, pedras, madeira, palha, argila – empregando, em larga escala, a força muscular humana, com a ajuda de mecanismos simples: trenós

52

A FIXAÇÃO E A TOMADA DE POSSE DO TERRITÓRIO...

para reduzir a fricção, alavancas para deslocar lentamente objectos pesados e, para os acabamentos, instrumentos baseados no movimento rotatório parcial no sentido indicado por Gordon Childe (*Movimento Rotatório*, 1954), mas não os que se baseiam no movimento rotatório verdadeiro ou contínuo, tal como rodas, roldanas e polés. A falta de tecnologias complexas é um dado característico das culturas neolíticas do Velho e do Novo Mundo. No livro *A Era dos Gigantes*, o arqueólogo Robert Fleming Heizer, pai do pintor Michael Heizer (que influência tiveram os estudos deste tipo na arte contemporânea?), explica como foi possível transportar cargas muito pesadas fazendo uso de tecnologias elementares. Ainda mais impressionantes do que o manuseamento de grandes pedras são os movimentos de terras, com os quais foram realizadas algumas das maiores acumulações de toda a história da humanidade, competindo de facto com os relevos e as cavidades da paisagem natural e modificando de maneira perceptível a orografia do território. A unidade de medida das construções é a carga transportável por um único trabalhador, multiplicada pelo número de trabalhadores e pelo tempo de duração do trabalho.

O sistema de fixação no território, embora disperso, não exclui, pelo contrário, exige, a partir de um certo momento, a realização de construções grandiosas, que de algum modo ocupam grandes extensões de território e que, justamente por causa das suas dimensões, chegaram até nós, ao passo que as construções mais pequenas e mais frágeis se perderam. Esta conservação diferenciada torna mais incerta a interpretação dos cenários neolíticos. Os restos das habitações que chegaram até nós são quase sempre feitos com materiais perecíveis, e a sua tecnologia não difere substancialmente da dos abrigos mais antigos, enquanto as construções duradouras, de pedra ou terriço, indiciam funções a que hoje chamaríamos «públicas». Mas os adjectivos modernos, «público» e «privado», não são totalmente apropriados, e torna-se impossível determinar com precisão a que usos se destinavam, por falta de documentação escrita.

Provavelmente, nas primeiras sociedades agrícolas era importante estabelecer e reforçar a coesão social, relativamente aos comportamentos individuais. Talvez se deva ter em consideração as fases imutáveis do trabalho agrícola – a sementeira, a colheita, etc. –, que desde sempre foram motivo de ritos e comemorações sazonais, relacionadas com o estudo das fases dos astros, e por

AS ORIGENS DA ARQUITECTURA

Fig. 30. San Agustín, Colômbia. Transporte de uma escultura através da selva, em 1943. A estátua, pesando 900 quilos, foi transportada ao longo de sete quilómetros por 35 homens, que levaram uma semana inteira a fazê-lo.

isso eram necessários os observatórios em pedra, não deterioráveis. Talvez que outra consequência da economia agrícola fosse um novo sentido da morte como uma continuação natural da vida, sendo preciso deixar sinais permanentes para manifestar às gerações dos vivos a presença perpétua dos defuntos, sepultados nas proximidades e, em alguns casos, nas próprias habitações. Talvez fosse necessário erigir santuários – fosse qual fosse o significado da palavra – claramente distintos da paisagem quotidiana e relacionados, de alguma maneira, com um mundo superior. Talvez que as construções de forma ou dimensões excepcionais se destinassem a materializar – numa sociedade desprovida de escrita e dependente da memorização – algumas recordações extraordinárias, ou até a serem apenas expressões tangíveis da permanência e da duração. Se essas construções deviam resistir ao longo dos tempos, para confirmar um determinado modo de viver e de pensar, explica-se melhor a escolha de materiais não perecíveis (ou na falta destes – na Mesopotâmia – o esforço de enobrecer os materiais de uso

A FIXAÇÃO E A TOMADA DE POSSE DO TERRITÓRIO...

comum com modelações e revestimentos vistosos, que permanecem na fase urbana seguinte), a unificação das tipologias e a sua escassa evolução no decurso dos milénios.

Em todo o caso, a distinção funcional entre as duas séries de construções é menos significativa do que a diversidade das relações com o território. Na nova paisagem humanizada convivem usos duradouros e usos precários e parece decisiva a vontade de realizar, para os usos duradouros, construções mais vinculativas, ligadas ao território por relações de complementaridade. A tentação de lhes chamar «monumentais» é forte; mas a sua austeridade permite-nos perceber que têm uma natureza diferente dos monumentos da civilização urbana, de que falaremos a seguir. Não há neles aspirações ao acabamento perfeito, à ornamentação e, menos do que nunca, a intenção de os contrastar com as construções da vida quotidiana. Dir-se-ia que são definitivamente incorporados no suporte natural e paisagístico, que depois contém a presença das gerações humanas e os seus equipamentos efémeros. O seu objectivo é complexo: pedir emprestada à paisagem a estabilidade solene da natureza e marcá-la com um símbolo orgulhoso da presença humana (se o tratamento das superfícies imita os modelos naturais, a conformação dos volumes diferencia-se deles propositadamente, materializando uma ordem concebida na mente do homem. A eloquência de uma tal empresa ainda hoje nos impressiona, quando encontramos, tendo como fundo a paisagem adequada, os círculos em pedra, escoceses ou escandinavos, ou os grandes complexos do Wiltshire.

É evidente o interesse que estas experiências hoje têm para nós, que possuímos os meios para executar uma modificação radical do território, mas esquecemos os métodos projectuais adequados à grandeza dessa tarefa. A arquitectura é uma disciplina antiga, que sofre poucas transformações, raras evoluções e escassas revoluções. Por isso, as demonstrações da arquitectura territorial neolítica, escondidas e esquecidas durante muito tempo, podem converter-se num precioso termo de comparação para os projectos de hoje.

Nas instalações neolíticas, as operações fundamentais são as *movimentações de terras*, que formam os planos de relevo de todas as outras obras e provocam transformações consideráveis da orografia existente. Usando a terra disponível no local pode pôr-se em prática a estratégia elementar de fazer a correspondência

Fig. 31. Ilhas Órcades, Grã-Bretanha. As pedras de Stenness formam um recinto de forma elíptica, separado da paisagem envolvente por um fosso e um dique.

A FIXAÇÃO E A TOMADA DE POSSE DO TERRITÓRIO...

entre as escavações e os aterros, dando assim forma a grandes construções de terra batida: terrenos aplanados, fossos, vales ou, até, novas colinas. As características obrigatórias inerentes a esta tecnologia são os declives próprios para estabilizar os montes de terra, variáveis de acordo com a consistência dos terrenos, que permitem uma gama riquíssima de formas e dimensões. A modificação do terreno, sobre o qual o homem tem caminhado há centenas de milhar de anos é, por sua vez, rica em implicações intelectuais e emocionais. A imutabilidade da paisagem é um atributo divino, cuja lembrança sobrevive frequentemente nas tradições religiosas subsequentes. Perturbá-la não pode ser um acto desencantado, mas tem um duplo valor: de transgressão de uma ordem existente e de imposição de uma nova ordem. Assim como a referência constituinte dos objectos construídos é a linha vertical, a referência constituinte do que está agarrado à terra é o plano horizontal. Todos os projectos devem transformar a complexidade tridimensional da superfície de apoio na simplicidade de uma série de planos horizontais, separados por paredes verticais ou escarpas inclinadas.

A dialéctica entre planos horizontais colocados a alturas diferentes põe em evidência um princípio importante para toda a história da arquitectura que se segue: as medidas em elevação – as alturas – têm um peso diferente das medidas horizontais – comprimentos e larguras – e atraem uma vez mais a força da gravidade, que dificulta os movimentos em subida e facilita os movimentos em descida. Uma pequena distância entre os níveis em elevação origina um efeito grandioso, em comparação com as distâncias existentes no terreno plano. A arquitectura das movimentações de terras adquire assim um papel central nos novos cenários inventados pelo homem, e, sobretudo, regula a colocação das construções de todos os tipos em relação ao suporte territorial.

Para qualquer construção, pode escolher-se entre três situações: mantê-la ao nível do terreno circundante, elevá-la a um nível superior ou encaixá-la a um nível inferior; para realizá-las é preciso recorrer a três operações diferentes: aplanar o terreno, juntar material para obter uma elevação, ou retirar material para obter uma escavação. Se for possível, essas três operações tornam-se complementares, de modo a compensar entre si as movimentações de terras. Assim tiveram origem os terraços sobreelevados do Médio Oriente, os *henges* da Europa ocidental, as valas e os basamentos

AS ORIGENS DA ARQUITECTURA

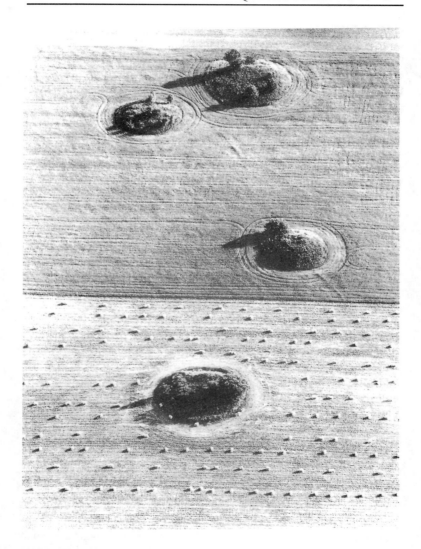

Fig. 32. Jutland, Dinamarca. Túmulos sepulcrais. O hábito de recorrer aos movimentos de terras para destacar lugares especiais sobrevive no Norte da Europa até à época viking.

A FIXAÇÃO E A TOMADA DE POSSE DO TERRITÓRIO...

alteados do mundo chinês, os *mounds* e as pirâmides com degraus do continente americano.

As estruturas em elevação, de qualquer tipo, opõem-se aos solos artificiais, resultantes das movimentações de terras, pela sua verticalidade, que as torna estáveis, encaminhando os pesos para o interior das massas resistentes. Os materiais usados são muitos: os vários tipos de pedra existentes no local ou transportáveis, os tijolos de lama empastada com palha e secos ao sol nos países quentes, as madeiras obtidas nas florestas, as esteiras e os conglomerados de palha. As pedras têm a vantagem de resistir ao tempo – com efeito, são quase as únicas estruturas que sobreviveram até hoje – e esta prerrogativa coloca-as, desde o princípio, numa posição privilegiada: integram as construções humanas nos cenários naturais, dando o maior relevo à sua regularidade intelectual.

O termo *megalítico* (de *mega-lithoi*, grandes pedras) é usado pela primeira vez por Algernon Herbert – em *Cyclops Christianus*, 1849 – para designar as construções, caracterizadas pelo levantamento e pela disposição no terreno de pedras mais ou menos delineadas, de dimensões fora do comum para nós. O livro de James Fergusson, de 1872, *Rude-stone Monuments in all Countries*, demonstra, com os dados de então, a difusão a nível universal deste género de construções.

As construções mais difundidas são as pedras isoladas, erguidas na vertical, que se chamam menires, e as estruturas trilíticas simples chamadas dólmens, em que dois pedestais sustentam uma laje de cobertura, também coberta de terra. Estas estruturas elementares, de todas as dimensões, que se encontram em todos os lugares habitados da Terra e formam conjuntos variados, baseiam-se na experiência universal da força da gravidade, que se exerce permanentemente em todos os aspectos da vida humana, tendo condicionado substancialmente a forma do corpo humano e de todos os outros órgãos. Por vezes, os menires assumem a forma de estelas antropomórficas, tornando explícita a associação entre essas construções e o corpo humano.

No corpo, a cada movimento que põe em perigo o equilíbrio opõe-se uma reacção tónica dos músculos antagonistas que visa restabelecer o equilíbrio. O cerebelo coordena o conjunto destes desempenhos que garantem a manutenção da posição erecta. Nas construções erectas do homem os pesos e os obstáculos devem ser dispostos de forma a contrariarem-se mutuamente, para con-

AS ORIGENS DA ARQUITECTURA

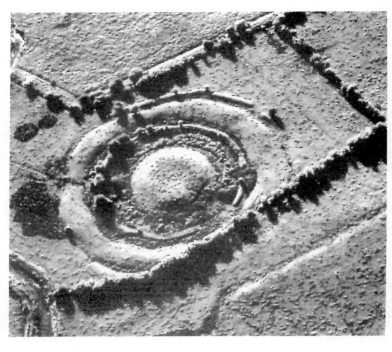

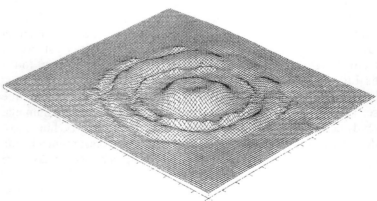

Fig. 33 e 34. Rathanny, Irlanda. *Ao alto*: o complexo monumento de Rathanny, realizado com uma série de movimentações de terras que formam valas e terraços em redor de um túmulo sepulcral; *em baixo*: o modelo tridimensional do terreno de Rathanny.

A FIXAÇÃO E A TOMADA DE POSSE DO TERRITÓRIO...

Fig. 35. Ilhas Órcades, Grã-Bretanha. O menir chamado «comet stone», colocado a curta distância do círculo de Borgard.

seguir que o objecto esteja firme e que o seu equilíbrio não venha a ser comprometido por ocasionais impulsos menores. Equilibrar as forças e manter um objecto em pé – fixar magicamente a sua queda no sentido da base – é uma operação habilidosa, que implica o controlo de forças invisíveis e transmite confiança, respeito, admiração.

Estas reacções repetem-se ainda hoje, no espanto com que observamos as obras de arquitectura no terreno. A capacidade de desafiar a força da gravidade era, talvez, uma prerrogativa dos chefes (uma tradição que se verifica até à época romana, no título de *pontifex*). Construir implica o conhecimento de segredos ocultos. Talvez que a universalidade da tecnologia megalítica tenha um motivo simples: os seus modelos contêm as respostas elementares para o controlo da força da gravidade.

As ocorrências elementares das movimentações de terras e dos megálitos são apenas um ponto de partida para os cálculos dos projectos mais complexos, que são os resultados mais significativos da arquitectura territorial neolítica e que ocupavam – no mundo sem fronteiras de então – vastas extensões de paisagem. A nova tarefa é combinar muitos objectos arquitectónicos, semelhantes alguns, e outros de tipo diferente ou mesmo muito diferente, para imitar não só a consistência mas também a variedade e a complicação existente na natureza. Para dar um nome apropriado a estas instalações de conjunto, podemos chamar-lhes *jardins* pré-

-históricos. Aumentando o número de componentes nascem relações múltiplas, que os construtores neolíticos enfrentam sem hesitações, com uma habilidade que se perde quase por completo nas épocas que se seguem. A forma usada com mais frequência, e menos compreensível para nós – devido ao nosso registo mental geometrizado pela longa tradição urbana – é a *justaposição* de muitos objectos. Não é por acaso que esta metodologia foi investigada pelas experiências das vanguardas históricas, na pintura e na arquitectura, e pela psicologia da forma. Na nossa cultura existem poucos exemplos dela (o Campo de Pisa, os jardins pitorescos ingleses, o Capitólio de Chandigarh). Consiste em colocar os objectos segundo uma relação

Fig. 36. Os círculos de Priddy, Somerset, Grã-Bretanha. Justaposição de intervenções na paisagem. A escala da intervenção é perceptível confrontando as dimensões dos círculos com as da casa que se vê ao alto e à esquerda na fotografia.

A FIXAÇÃO E A TOMADA DE POSSE DO TERRITÓRIO...

Fig. 37. O complexo de Tara, Condado de Meath, Irlanda. Um grande ordenamento de terras.

de simples contiguidade, que exclui a formação de um objecto único. O espaço contido, tal como aquele que existe entre os vários objectos, não tem valor. O que tem valor são os objectos em si mesmos e a sua relação mútua, que abrange também o ambiente, entendido como a soma dos elementos identificáveis – os rios, as montanhas, a floresta: uma espécie de *ikebana* (a arte japonesa de dispor as flores) que, a uma escala gigantesca, regulou a deslocação dos grandes complexos monumentais neolíticos. Em justaposição, adquirem valor as vistas dinâmicas, as relações visuais complexas geralmente não axiais, as assimetrias no conjunto da instalação, ao passo que os elementos isolados são habitualmente caracterizados pela sua simetria individual. É provável que contribuíssem também para o efeito global os desbastes e as plantações das árvores (nos grandes complexos do Wiltshire).

Uma forma de justaposição com um grau inferior de complexidade para as relações que se instauram é a *triangulação*. Objectos, mesmo diferentes, formam uma série fechada que delineia virtualmente um grande espaço. Metas e pontos visuais são elementos necessários para estabelecer a direcção de um percurso. Os espaços cercados podem ser entendidos como elementos isolados,

Fig. 38 e 39. Grã-Bretanha. Dois *geóglifos*: o homem de Wilmington (Sussex), com 70 metros de altura, e o cavalo de Uffington (Oxfordshire), com 110 metros de comprimento.

dotados de uma fisionomia própria, que, colocados em sequência, podem formar diversas configurações geométricas e topológicas.

    Finalmente, as reproduções figuradas de objectos de todos os géneros, que já apareciam no Paleolítico superior, intervêm também – convenientemente ampliadas – nas instalações arquitectónicas, assumindo como pano de fundo a própria superfície terrestre. Trata-se de imagens em relevo, obtidas com a técnica habitual das movimentações de terras, ou de imagens lineares formadas por incisões que põem a descoberto uma camada de terreno inferior de cor diferente, e que se chamam *geóglifos*. Ao ar livre e no quadro paisagístico, a sua presença torna-se altamente sugestiva, como se fossem tatuagens feitas na terra-mãe, que parecem exilar-se

AS ORIGENS DA ARQUITECTURA

do contexto humano, devido à dificuldade de serem lidas ao nível do solo, no seu conjunto.

As tecnologias até aqui descritas sumariamente caracterizam a arquitectura neolítica em todo o mundo. No próximo capítulo falaremos de alguns conjuntos de experiências – as aldeias do Próximo Oriente, os aldeamentos na faixa costeira europeia, as construções das comunidades agrárias mais antigas ao longo do continente americano – que permitem captar as diferenças mais marcadas de lugar e de tempo. Mas uma breve relação feita à escala mundial ajuda a pôr em evidência, por outro lado, as analogias surpreendentes num campo geográfico vastíssimo, que exclui apenas as zonas árcticas, e num período cronológico que vai desde a introdução da agricultura – 9.000-8.000 a.C. – até ao contacto dramático com a cultura urbana europeia, entre 1.500 e 1.800 d.C.

Na *Europa,* os conhecidos aldeamentos monumentais da parte ocidental (cap. 3) encontram analogias em algumas construções da parte oriental: o templo de Gärlo, na Bulgária, os túmulos de Abkhazie e Ouraotchicha Kladi, no Cáucaso, os inúmeros dólmens entre Gelendjik e Sochi, nas margens do Mar Negro, o túmulo de Psinako I, em Taupse.

Na *África Setentrional* existem importantes monumentos megalíticos: um círculo de 55 metros de diâmetro (Crome M'soura), em Souktnine, composto por 200 pedras; o dólmen de Bou Nouara, que domina a paisagem desértica circundante; os sistemas de círculos concêntricos, elipses ou rectângulos, chamados *bezinas,* entre os quais o Souk el Gour, que mede 45 metros de diâmetro. A partir do segundo milénio a.C., os Berberes erigem túmulos megalíticos, de que dão testemunho as necrópoles argelinas de Roknia e Gastel.

Na *África Oriental*: na Etiópia, os menires contam-se aos milhares; os mais antigos remontam ao segundo milénio a.C.; o mais alto (cerca de 30 metros) está datado como sendo do século III d.C. Em Soddo Tiya foram descobertas estelas antropomórficas que encimam sepulturas cuja datação vai do século X ao século XV da nossa era. Perto de Harar existem conjuntos de dólmens como o de Ganda-Midjou.

Na *África Central e Meridional,* as necrópoles de Sine N'gayène e de Diamlloumbéré, no Senegal, incluem sepulturas assinaladas por círculos de pedras verticais, que se usaram até ao

66

A FIXAÇÃO E A TOMADA DE POSSE DO TERRITÓRIO...

primeiro milénio d.C. Na Gâmbia, em Wassu, encontram-se numerosos alinhamentos e círculos de pedras, e também em forma de V e de lira. Na República Centro-Africana, perto de Bouar, encontram-se megálitos datados do sexto ao quinto milénios a.c., chamados *tajunu*, que significa «conjunto de pedras erectas». Na região de Imérina, no centro de Madagáscar, os megálitos assinalam os limites dos territórios das aldeias, os lugares sagrados e as sepulturas; em 1797, o rei de Ambohimannga, por ocasião de um casamento, mandou extrair um monólito de 5 m de comprimento, 80 cm de largura e 20 cm de espessura.

No *Próximo Oriente*, a Bíblia recorda o levantamento de monólitos de pedra: Jacob consagra uma coluna em Betel como recordação da sua visão de Deus (*Génese 28, 16-22*) e erige sobre o túmulo de Raquel uma coluna «até ao dia de hoje» (*Génese 35, 20*). Em Ala-Safat, na Transjordânia, existem sepulcros. Em Israel e na Síria encontram-se inúmeras pedras erectas. Na península arábica e nas ilhas circunvizinhas encontram-se outros locais megalíticos: túmulos sepulcrais com alturas até 12 metros, plataformas que sustentam câmaras alongadas e alinhamentos de pedras em filas paralelas.

Fig. 40. Sul do Senegal. A necrópole de Sine N'gayène, assinalada por círculos de pedras erectas.

AS ORIGENS DA ARQUITECTURA

Fig. 41. Imérina, Madagáscar. Câmara funerária, destruída no início do século XX.

Na *Ásia Central e na Índia* existem sítios megalíticos no Balochistão e em Caxemira; no Paquistão estão assinalados túmulos com câmara. No Tibete, em Do-ring, existem 18 filas de monólitos. No Nordeste da Índia, os Lhota constroem círculos de pedras. Em Nartiang, Assam, há um menir de granito com 8,2 metros de altura. Na Índia encontram-se megálitos na região de Vindhyas; 86 construções megalíticas na região de Vidarbha, constituídas por dólmens, túmulos sepulcrais, alinhamentos de menir, e na região de Kerala os singulares monumentos em forma de guarda-sol (um suporte coberto por uma grande pedra achatada), chamados *topi-kals* ou *kudai-kals* (fig. 42).

No *Extremo Oriente*, a designação de dólmen, em chinês, é *che-pin*, e em coreano é *ko-in-dol*. Existem túmulos megalíticos na China (no Szechwan, no vale de Anning), na Manchúria (a lápide do sepulcro de Che-pin-shan pesa 70 toneladas) e na Coreia (um monólito em Gwanson-Ni mede 8,70 metros por 4,50). O Japão possui uma grande sequência de construções megalíticas. O maior túmulo até agora estudado é o de Shimanosho Ishibutai (fig. 45),

A FIXAÇÃO E A TOMADA DE POSSE DO TERRITÓRIO...

Fig. 42. Norte da Índia. Monumento megalítico em forma de guarda-sol (*topikals* ou *kudai-kals*).

Fig. 43. Osaka, Japão. O grande túmulo em forma de fechadura (*misasagi*) do imperador Nintoku.

AS ORIGENS DA ARQUITECTURA

próximo de Nara, do século VI d.C., um dólmen a que se acede através de um corredor descoberto (as pedras das paredes pesam 45 toneladas e as da cobertura 60-70 toneladas). Em Tateksuki, próximo de Okayama, encontra-se um túmulo de 43 metros de diâmetro por 5 de altura, com dois círculos concêntricos de pedras no topo, com um a dois metros de altura. Os grandes túmulos imperiais em forma de fechadura do período Kofun (séculos III a VII d.C.), chamados *misasagi*, vão das dimensões modestas às dimensões enormes do túmulo do imperador Nintoku (século V d.C.) em Osaka, que mede 486 metros de comprimento e atinge a altura de 36 metros.

No *Sudeste Asiático* os menires da população Toradja, na ilha Celebes, são os símbolos das famílias. Os maiores têm 6 metros de altura e pesam 8 toneladas, e os mais pequenos medem alguns decímetros e continuam a ser venerados e erigidos. Construções semelhantes existem no Norte do Bornéu. Na Indonésia abundam as construções megalíticas: os túmulos em pedra de Samatra e de Malaca, os sarcófagos de Java e Bali, as plataformas de pedra das ilhas de Flores, Timor, Sumba e Nias. Encontram-se outras construções em Myammar (Birmânia), na Tailândia, no Laos, no Vietname, no Camboja, na Malásia, em Singapura, no Bornéu e nas Filipinas.

Na *Oceania*, além das conhecidas estátuas da ilha da Páscoa, existem estátuas antropomórficas, estruturas em pedra e plataformas (*papae*) nas ilhas Marquesas. Em Rapa Iti (ilhas Tubuai), encontram-se cumes de montanhas transformados em estruturas piramidais em degraus. Os Maoris da Nova Zelândia transformaram em fortalezas, por meio de grandes movimentações de terras, alguns relevos, entre os quais o vulcão de Mount Eden, perto de Auckland. Nos outros arquipélagos da Polinésia Oriental (Mangareva, ilhas Tuamote, ilhas da Sociedade) encontram-se numerosas plataformas alteadas (*marae*, lugares de recolhimento dos clãs) revestidas de lajes em pedra, com recintos delimitados por pilares. O trílito de calcário coralino das ilhas Tonga, Ha'amonga'a maui, foi construído no século XI, segundo a tradição. Os dois pilares têm cerca de 5 metros de altura, 4,3 de largura na base e 3,6 no topo, 1,4 metros de espessura e pesam cerca de 54 toneladas; a arquitrave tem 5,7 metros de comprimento. Nas ilhas Havai, o recinto de Mookini mede 36 x 87 metros, e tem paredes de 6 metros de altura. Na ilha de Malden (Espórades Equatoriais)

A FIXAÇÃO E A TOMADA DE POSSE DO TERRITÓRIO...

Fig. 44. Nara, Japão. Maqueta de um túmulo imperial na capital japonesa, fundada em 710 d.C.

AS ORIGENS DA ARQUITECTURA

Fig. 45. Nara, Japão. Interior do túmulo megalítico Shimanosho Ishibutai.

existem cerca de quarenta plataformas monumentais em pedra. Na ilha Pohnpei (ilhas Carolinas), o aldeamento de Nan Modal (800-1.250 d.C.), que se estende ao longo de 80 hectares, é formado por cerca de 90 ilhas artificiais ligadas entre si por canais. As casas possuem paredes cuja altura chega a atingir os nove metros, compostas por colunas prismáticas de basalto, sobrepostas horizontalmente, que atingem 5 metros de comprimento. Ainda nas Carolinas, encontra-se uma instalação semelhante na ilha de Kosrae; aqui, foram construídos pátios fechados, hoje na sua maioria destruídos, com o mesmo sistema de construção. Na ilha de Babeltaub (ilhas Palaos) existe um alinhamento de 52 megálitos. Nas ilhas Marianas e Chamorro as casas são construídas sobre

A FIXAÇÃO E A TOMADA DE POSSE DO TERRITÓRIO...

Fig. 46. Ilhas Carolinas, Micronésia. A instalação de Nan Modal, realizada com colunas de basalto sobrepostas horizontalmente.

Fig. 47. Vale do Rio Magdalena, San Agustín, Colômbia. Sepulcros em forma de dólmen e estátuas-menir, a 2.000 metros de altitude.

AS ORIGENS DA ARQUITECTURA

altas colunas trapezoidais com capitéis em pedra, chamadas *latte*, que chegam a ter cinco metros de altura.

Nas *Américas* existe uma constelação de construções, desde o Massachusetts às planícies meridionais dos Estados Unidos, ao planalto mexicano, ao Rio Magdalena na Colômbia, ao Rio Grande do Sul no Brasil, ao departamento de Oran na Argentina, onde se encontram os habituais dólmens e menires, até aos grandes aldeamentos da costa e da montanha peruanas, descritos no próximo capítulo. As influências recíprocas são incertas, e sem dúvida secundárias em relação aos desenvolvimentos locais. As técnicas de datação demonstram que os modelos mais simples foram inventados várias vezes em lugares diferentes, a partir das estruturas mentais da espécie humana e da natureza objectiva dos problemas construtivos.

Tudo isto confirma a comparação com a «estrutura profunda» que Chomsky reconhece como a base de todas as linguagens, pelo que não se aprende a falar, mas aprendem-se as particularidades de uma língua, inserindo-as numa estrutura de base universal fixada a nível genético. Existe uma linha de pensamento, de Adolf Bastian a Carl Gustav Jung, que, generalizando, detecta também as «ideias elementares» (*Elementargedanken*) ou as «imagens primárias» (*urtumliche Bilder*) comuns a todos os povos e períodos. No nosso campo, é aplicável a referência ao «pensamento visual» teorizada por Rudolph Arnheim, que associa os mecanismos da percepção espacial aos do pensamento, e desempenha um papel, já atrás recordado, na própria formação da espécie. Daí derivam as capacidades comuns do género humano, que permitem compreender as distâncias, as dimensões, a força da gravidade, as relações morfológicas e de escala, e dar um sentido geral às experiências arquitectónicas dispersas no espaço e no tempo.

São os mesmos fundamentos, conceptuais e práticos, que intervêm nos projectos arquitectónicos contemporâneos. Por trás da diversidade aparentemente infinita das soluções existe uma uniformidade fundamental de atitudes que, se fosse reconhecida, facilitaria a coordenação das intervenções que hoje se fazem no território.

Ainda não é possível tentar fazer uma «história» geral deste período, ou desenhar um mapa fidedigno dos modelos tipológicos e da sua evolução. A totalidade do património descoberto pela

A FIXAÇÃO E A TOMADA DE POSSE DO TERRITÓRIO...

Fig. 48. Ilha de Nias, Indonésia. Transporte de um monólito de 9 toneladas (primeira metade do século XX). A arte territorial neolítica baseia-se em tecnologias semelhantes, difundidas em todo o mundo e repetidas durante um período de tempo vastíssimo.

AS ORIGENS DA ARQUITECTURA

Fig. 49. Azerbaijão. Menires que ainda hoje podem ser vistos, pintados e decorados com cores vivas: azul, amarelo, vermelho.

A FIXAÇÃO E A TOMADA DE POSSE DO TERRITÓRIO...

arqueologia é uma parte pequena e casual dos cenários do passado. A grande maioria das construções foi eliminada durante as fases históricas seguintes, ou espera ainda ser descoberta, na maior parte dos países distantes da Europa. A anexação dos cenários pré--históricos à história da arquitectura – que poria em evidência a dimensão mundial da tradição arquitectónica também nas épocas posteriores – ainda mal se iniciou.

Para os nossos objectivos, bastam duas breves descrições, complementares entre si. No presente capítulo foi posta em evidência a unidade da cultura arquitectónica neolítica. No próximo capítulo debruçar-nos-emos sobre algumas áreas principais, onde a experiência neolítica se desenvolveu em contextos e em tempos distantes, e serão evidenciadas as suas diferenças.

Estas duas descrições ajudam a aproximar objectivamente alguns cenários sobreviventes, que trazem ao nosso mundo o seu testemunho mudo. Nas ondulações do terreno no Médio Oriente, repetidamente aradas por uma longa série de transformações; nos campos europeus voltados para o mar, onde uma manutenção respeitosa conserva ainda uma parte dos traçados pré-históricos, lado a lado com as construções recentes; nos ambientes multiformes do continente americano – os campos setentrionais que mal foram tocados pela civilização dos Estados Unidos, os planaltos onde as construções humanas aguentam destemidamente o confronto com os cenários montanhosos, os desertos da costa peruana onde não chove, que conservam eternamente os sinais traçados no solo – podemos aperceber-nos, de alguma maneira, da primeira fase feliz da humanização da paisagem, ainda não dividida em partes hete-rogéneas.

AS ORIGENS DA ARQUITECTURA

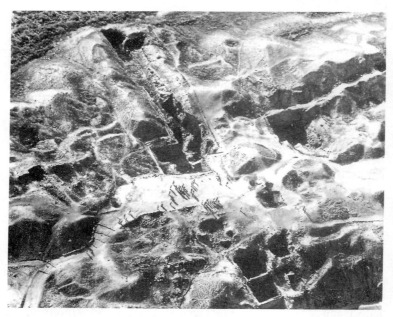

Fig. 50. Tell es-Sultan, Jericó, Cisjordânia. Escavações arqueológicas. A aldeia, em 7.500 a.C., era dotada de muralhas com torre circular, e cobria uma área de 10 acres.

3

As diferenças de tempo e de lugar, que originam a variedade das paisagens neolíticas

A mediação entre unidade e diversidade, nas paisagens neolíticas, deriva do confronto entre a estrutura projectual comum e os contextos locais e os tempos das transformações. A unidade estrutural interage com as particularidades dos suportes ambientais, e conduz a resultados diversos, conforme a extensão dos intervalos cronológicos em que pôde funcionar.

É precisamente devido à homogeneidade da distribuição, posta em relevo no capítulo anterior, que a duração se torna o factor de diferenciação mais importante. Para trazer à luz este aspecto decidimos descrever três experiências, situadas muito diferentemente no tempo:

1) as instalações do Próximo Oriente, precocemente substituídas pelas primeiras comunidades urbanas logo no IV milénio a.c.;

2) as instalações europeias ao longo das costas do Mediterrâneo ocidental e do Atlântico, que conseguem aperfeiçoar as suas construções durante mais tempo, antes de serem integradas no universo urbano, entre o I milénio a.c. e o I d.C.;

3) os cenários americanos, que se formam logo a seguir e se desenvolvem até ao II milénio d.c., evitando a oposição entre cidade e território, até que a conquista europeia interrompe bruscamente o seu desenvolvimento.

AS ORIGENS DA ARQUITECTURA

As aldeias neolíticas do Próximo Oriente

O «Próximo Oriente», povoado pelos primeiros agricultores após a transição do Plistoceno ao Holoceno, por volta de 8.000 a.c., é um vasto território ondulado situado abaixo da orla anteriormente atingida pela calota gelada setentrional, que se estende dos Cárpatos, do Cáucaso e das estepes da Ásia central até à península balcânica, ao Mediterrâneo oriental, ao Golfo Pérsico e ao planalto iraniano (fig. 51). O «crescente fértil» irrigado pelos grandes rios – o Nilo, o Eufrates, o Tigre – onde 5.000 anos depois nascerão as primeiras civilizações urbanas, é por enquanto uma cintura pantanosa, nos limites dos quentes desertos meridionais.

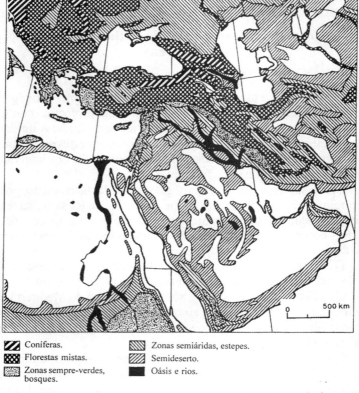

Coníferas.
Florestas mistas.
Zonas sempre-verdes, bosques.
Zonas semiáridas, estepes.
Semideserto.
Oásis e rios.

Fig. 51. O ambiente do Próximo Oriente, após o fim da época glaciar e antes da colonização agrícola.

A ocupação e o cultivo deste território foram em parte determinados pelas modificações climáticas, que alteraram a geografia dos lugares: a subida do nível dos mares, o desaparecimento das florestas e das grandes presas de caça do Plistoceno, os novos contornos dos mares interiores. O Mar Cáspio, talvez alimentado pelas chuvas, sobe até 76 metros acima do seu nível actual, e forma durante muito tempo um limite intransponível em direcção a nordeste. O Mar Negro, pelo contrário, separado do Mediterrâneo, permanece como um lago com um baixo nível de águas, que permite um trânsito fácil entre a Europa e a Ásia. Quando o Mediterrâneo cresceu bastante, a diferença de altura entre os dois é nivelada gradualmente por um salto de água que corresponde ao Bósforo, submergindo durante algum tempo, além da margem norte, uma parte da planície ucraniana, talvez já nessa época cultivada.

Os locais reconhecidos e escavados são imensos e constituem uma vasta amostra de aldeias, associadas aos recintos e às culturas que permitem a produção de alimentos. O clássico livro de James Mellaart de 1975, *The Neolithic of the Near East*, faz destes locais uma descrição concisa e em primeira mão.

A *aldeia* é a grande invenção, que substitui as grutas e os acampamentos temporários paleolíticos, e não é de admirar que ela seja diversificada num grande número de modelos, nos quais

Fig. 52. Ain Mallaha, Líbano. Uma casa de planta circular, reutilizada depois como túmulo.

AS ORIGENS DA ARQUITECTURA

as capacidades de construção do homem enfrentam pela primeira vez os desafios do ar livre e da (relativa) durabilidade.

A construção arquitectónica simples – a «cabana» ancestral, recordada nas tradições posteriores – repete frequentemente a forma redonda de muitos abrigos paleolíticos, que em regra se converte, significativamente, num círculo exacto. Para a associação próxima de muitos edifícios, a forma circular é menos conveniente, prevalecendo a forma quadrangular, que tem a vantagem de funcionar da mesma maneira em escalas diversas, na medida em que a irregularidade do terreno o permite. Apresenta-se e adquire relevo, como tema principal da elaboração de projectos arquitectónicos, *le poème de l'angle droit* (Le Corbusier), com base no qual se trabalhará por toda a parte nos 10.000 anos seguintes.

Um problema fundamental é a distinção entre os «edifícios» e as «arrecadações», que, à escala reduzida da aldeia, substituem o espaço aberto universal, garantindo a cada edifício um acesso independente. Só mais tarde, na cidade, esta distinção adquire os traços institucionais a que estamos habituados e se estabiliza em formas estáveis. Nestes primeiros aglomerados coexistem, como veremos, muitas formas diversificadas.

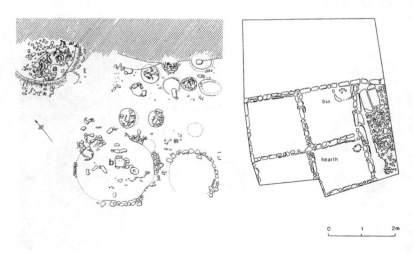

Fig. 53 e 54. *À esquerda*: Ain Mallaha, Líbano. Uma parte do aldeamento natufiano, com casas redondas e armazéns. *À direita*: Mureybet, Síria. Uma estrutura de construção rectangular.

82

AS DIFERENÇAS DE TEMPO E DE LUGAR...

Os edifícios de importância colectiva – quer sejam túmulos, templos ou fortalezas – tornam-se um tema arquitectónico importante, com um atraso que, nesta região, muitas vezes se aproxima ou se sobrepõe ao aparecimento da civilização urbana. Num território privado de materiais duráveis em si mesmos, os edifícios de maior importância são repetidamente transformados e aumentados no mesmo local, e os arqueólogos modernos têm de conjecturar, com muitas incertezas, qual o seu aspecto variável, principalmente nos milénios mais antigos.

Fig. 55. Hacilar I, Turquia. Vasos de cerâmica com desenhos geométricos.

Um último elemento, que ajuda a imaginar indirectamente os cenários neolíticos do Próximo Oriente, é a cerâmica, que surge precocemente e nos oferece um repertório vastíssimo de formas ou decorações geométricas ou figurativas (fig. 55): quase um catálogo mental das várias combinações utilizáveis na elaboração de projectos para todos os géneros de construções. Os estilos e os ornamentos das cerâmicas, que surgem à luz em bom estado de conservação nas escavações arqueológicas, qualificam em grande medida as culturas do passado. Pelas mesmas características, a cerâmica foi utilizada, na época, como acabamento durável e brilhante das paredes, nos edifícios mais importantes.

A dimensão material de alguns destes aldeamentos, e o número de habitantes calculado pelos estudiosos, são consideráveis desde as mais antigas datas.

Jericó, na fase chamada PPNA (*pre-pottery neolithic A*, cerca de 7.500 a.C), cobria 10 acres e podia alojar uma população de 2.000 ou mais habitantes. Era cercada de muralhas, que compreendiam uma torre redonda de 10 metros de diâmetro, feita de paredes maciças e percorrida por uma escada interior de 22 degraus.

AS ORIGENS DA ARQUITECTURA

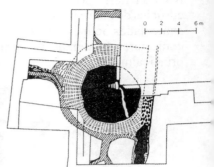

Fig. 56 e 57. Jericó, Cisjordânia. As escavações efectuadas por Kathleen Kenyon, e uma planta da torre circular.

Fig. 58 (*na página seguinte*). Çatal Hüyük, Turquia. Representação descoberta no local: uma verdadeira planimetria da aldeia. Ao fundo, o vulcão Hasan Dag em erupção.

A estação arqueológica de Çatal Hüyük, um grande *tell* de 32 acres, foi escavada parcialmente por Mellaart nos anos sessenta, revelando, num terço da sua área, catorze níveis edificados, datados de 6.250 a 5.400 a.C. (outros níveis mais antigos foram comprovados, mas ainda não explorados). É uma povoação complexa, cuja base económica era constituída por culturas de irrigação na planície de Konya, criação de ovelhas e bovinos, indústrias e comércios muito variados. As «casas» têm uma distribuição e uma medida unificadas – uma sala com cozinha apetrechada, plataformas para dormir e um armazém, ocupando regra geral uma superfície de 25 metros quadrados – e estão encostadas umas às outras sem interrupções, de maneira que o acesso era feito de cima, caminhando pelos terraços da cobertura, praticáveis e comunicando entre si (um modelo que encontra correspondência em outras povoações anatólicas mais antigas, os níveis pré-cerâmicos de Hacilar e Can Hasan III). Algumas delas estão equipadas como «santuários», com decorações esculpidas e pintadas, mas não são maiores do que as outras. Tanto numas como noutras, os mortos são sepultados sob plataformas alteadas, como para serem incorporados na família dos vivos. Os currais, as oficinas, os armazéns comerciais, postulados da economia local, talvez se localizassem noutros locais, que até agora, porém, não foram identificados. Da parte de fora, o «burgo» devia apresentar-se como uma parede contínua sem aberturas, com funções defensivas e servindo de dique para as cheias. Os utensílios, os objectos de uso corrente e os ornamentos atingem uma grande perfeição. Não faltam esculturas e pinturas, entre as quais uma pintura com uma imagem geral do mosaico de casas, encimada por um vulcão em erupção, provavelmente o Hasan Dag, que é visível na extremidade da planície de Konya.

A surpreendente compactidade do dispositivo arquitectónico sugere um grau muito elevado de interdependência social. O aldeamento – que funcionou sem interrupções durante pelo menos 800 anos e talvez mais – devia ser construído e ampliado todo em conjunto, e não admitia acréscimos individuais; as paredes de uma casa velha eram usadas como invólucro de uma casa nova. Tendo em consideração as dimensões e os aperfeiçoamentos arquitectónicos, a tentação de usar a palavra «cidade» é forte; mas não há indícios de uma estrutura social hierárquica, nem de uma contraposição espacial entre a área construída e o território. A estrutura

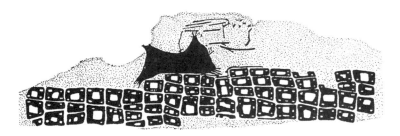

AS ORIGENS DA ARQUITECTURA

arquitectónica é uma grande construção em série, tornada homogénea pela repetição das células que a compõem, como numa colmeia.

A distribuição a partir de cima cai em desuso, aqui e em outros locais, por volta do final do VI milénio a.c., e permite uma estrutura mais rica e elaborada das habitações. A povoação que documenta melhor esta fase é Hacilar VI, que foi abandonada, devido a um incêndio, cerca de 5.400 a.c. A cozinha é separada da sala de estar, a casa passa a ter dois pisos, com uma estrutura em madeira mais elaborada, as sepulturas passam a situar-se fora do espaço habitado.

No mesmo período e no milénio seguinte aumentam os aldeamentos neolíticos em toda a zona montanhosa do território acima descrito, principalmente a oriente da Mesopotâmia, dos montes Zagros ao planalto iraniano e às planícies para lá do Mar Cáspio.

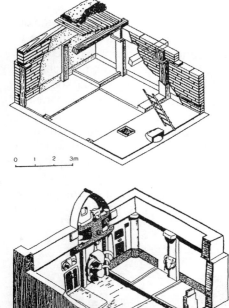

Fig. 59-62 (*nesta e na página seguinte*). Çatal Hüyük, Turquia. Axonometria de uma casa e do «templo». Vista geral da parte escavada até agora, evidenciada a negro na planimetria na parte inferior da página seguinte.

AS DIFERENÇAS DE TEMPO E DE LUGAR...

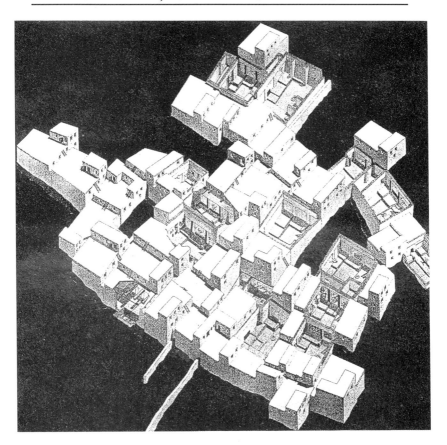

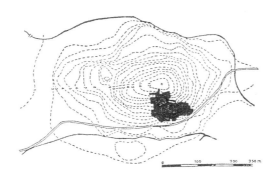

AS ORIGENS DA ARQUITECTURA

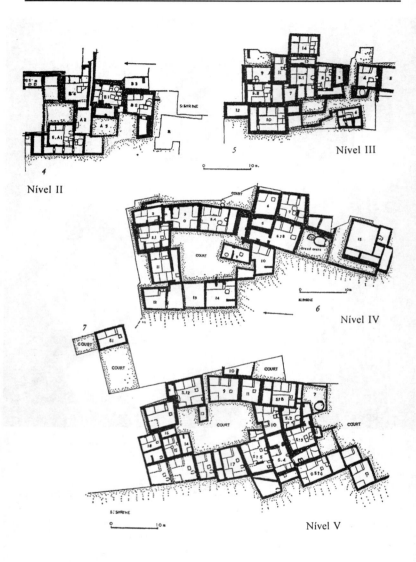

Fig. 63. Çatal Hüyük, Turquia. Planimetria dos vários níveis habitados sobrepostos, do II ao VII, escavados por Mellaart.

AS DIFERENÇAS DE TEMPO E DE LUGAR...

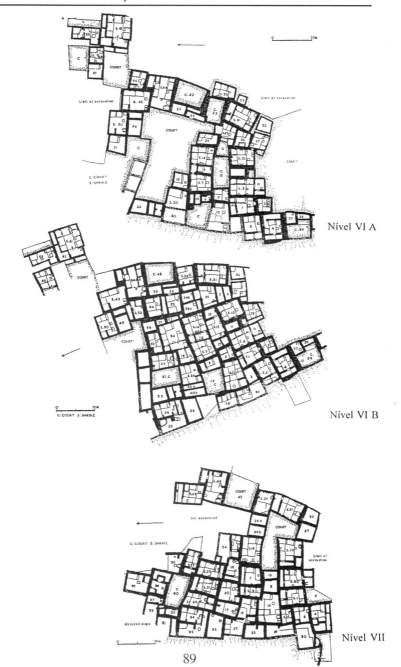

Nível VI A

Nível VI B

Nível VII

AS ORIGENS DA ARQUITECTURA

Nas altitudes aráveis da Assíria, dos dois lados do Tigre, foram escavados sessenta locais da cultura que adquiriu o nome de um deles, Umm Dabaghiyak. A subsistência parece ser mista: agricultura e caça. Os pequenos locais de habitação, de forma unificada, são agregados em séries contínuas, e estão dispostos em torno de grandes pátios comuns.

Ainda nas margens da planície mesopotâmica, despontam os aldeamentos de Hassuna, Samarra, Halaf e Tell es-Sawwan, posteriores a 5.500 a.c. Este último compreende um recinto rectangular, rodeado por um canal, onde estão implantados doze edifícios, orientados aproximadamente da mesma maneira, e separados por espaços comuns de várias medidas. Um deles é considerado um santuário pelos escavadores, mas distingue-se dos outros apenas pela presença de objectos relacionados com o culto.

Modelos de construção e de estilo mais arcaicos sobrevivem nos aldeamentos do planalto iraniano (Tal-i-Iblis, com as casas acessíveis pela parte de cima) e da planície para lá do Mar Cáspio (Pessejik Depe).

Nas áreas onde as estruturas mais importantes são montes artificiais de terra batida e tijolos, os «santuários» ocupam plataformas feitas propositadamente no centro dos povoados. No IV mïlénio, estes «pedestais» passam a ser as construções mais importantes e duradouras, que proporcionam um terreno artificial, mais elevado, para os «templos» de verdade, em geral reconstruídos várias vezes, na difícil demanda de uma qualificação arquitectónica. Este modelo passa das aldeias neolíticas às cidades, e está na origem da arquitectura monumental posterior.

Entre os aldeamentos deste período figuram Tepe Gawra, na Assíria, escavada por Americanos nos anos trinta, e alguns centros da baixa Mesopotâmia, que na conferência de Leida de 1929 se convencionou que fossem designados pelo nome Al Ubaid (nome de uma pequena povoação encontrada nos anos vinte, próximo de Ur), alguns dos quais se transformam depois em cidades. O aldeamento mais importante é Warka (Eridu), onde a datação dos templos escavados se distribui entre 5.000 e 3.250 a.C. A sua fisionomia foi alterada diversas vezes até à fase «iletrada» que precede imediatamente a revolução urbana.

O clássico manual de Seton Lloyd, *The Archaeology of Mesopotamia* (1978), descreve esta fase como «o limiar da história escrita».

AS DIFERENÇAS DE TEMPO E DE LUGAR...

Fig. 64-66. Edifícios de forma em esquadria. *Ao alto*: Tell es-Sawwan, Iraque, com a cintura de muralhas e as plantas de duas aldeias da cultura Jeitun; *em baixo*: casas de Tal-i-Iblis, Irão.

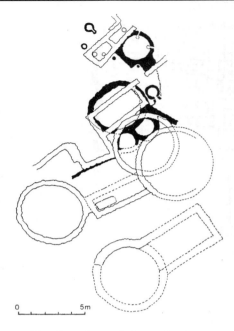

Fig. 67. Yunus, Iraque. Túmulos e fornos de forma circular.

As culturas não urbanas das faixas costeiras europeias

Nestas áreas, distantes do epicentro médio-oriental das primeiras civilizações urbanas, as sociedades neolíticas tiveram tempo de realizar uma vasta gama de experiências arquitectónicas evoluídas, dispersas por um território recortado e aberto para o mar.

Tais experiências, baseadas numa utilização inventiva e magistral dos materiais disponíveis – as pedras locais e o produto das florestas –, encontram-se já difundidas no IV milénio a.c. Nas margens do Mediterrâneo, e sobretudo na bacia ocidental, prolongam-se até ao II milénio a.c., até que, na segunda metade deste, o comércio marítimo unifica o espaço económico e cultural, pondo também em circulação os modelos das grandes civilizações urbanas do «crescente fértil». Nas costas atlânticas, de Portugal à Escandinávia, desenvolvem-se de maneira autónoma ainda durante grande parte do I milénio a.c., antes que o mundo helenístico-romano

AS DIFERENÇAS DE TEMPO E DE LUGAR...

alargue as suas fronteiras até ao Mar do Norte, e as mais setentrionais sobrevivem ainda para além disso.

É precisamente esta autonomia que constitui um valor precioso, temporariamente eclipsado nos dois milénios seguintes. A unificação europeia na Idade Média marginalizou-as, mas não completamente, e hoje, descobertas pela arqueologia, impõem-se à atenção da cultura patente contemporânea.

Na Córsega, os monumentos megalíticos, em geral colocados próximo das passagens ou em condições topográficas especiais, parecem assinalar a autoridade territorial das populações ou os percursos da transumância. Encontram-se alinhamentos compostos por 258 monólitos esbeltos (Palaggiu, Sarténe), dólmens (Fontanaccia, Sarténe), menires com aspecto humano (Filitosa) e outras realizações posteriores e mais tardias, como os sistemas de torres semelhantes aos *nuraghe* da Sardenha e aos *talayot* das Baleares. Ainda nas Baleares, encontram-se outros tipos de estruturas megalíticas: as *navetas*, monumentos sepulcrais colectivos em forma de pirâmide truncada, com um dos lados em abside, e as *taulas*, trílitos formados por pilares quadrangulares que sustentam uma placa de pedra, muitas vezes colocadas no centro de uma cintura de pedras erectas.

Na Sardenha conhece-se uma centena de dólmens, alguns delimitados por cinturas de pedra (Li Muri, Arzachena), e cerca de trezentos túmulos colectivos (túmulos dos gigantes), estruturas singulares de planta elíptica a que se chama «Templetes» (Malchittu), além de menires, estelas perfiladas e pequenos alinhamentos. O singular «santuário» de Monte d'Accoddi (cultura de Ozieri) é uma pirâmide de terra, truncada e rodeada por um muro de blocos de pedra soltos de 37 metros de lado e 9 de altura, a que se acede por uma rampa. Estes achados antecedem as grandes e complexas realizações que caracterizam a arquitectura do *nuraghe*.

A Apúlia era densamente habitada por comunidades agrícolas neolíticas com povoamentos estáveis e é a única zona da Itália peninsular em que se encontram numerosos e difusos exemplos de arquitectura megalítica. Muitos aldeamentos eram cercados por fossos (que chegavam a ser oito concêntricos, em Masseria La Quercia), cuja natureza no entanto se desconhece – talvez fosse defensiva ou servissem de recinto para os animais, ou para canalizar e regular as águas.

AS ORIGENS DA ARQUITECTURA

Fig. 68. Palaggiu, Córsega. O mais vasto alinhamento de monólitos dos vinte conhecidos na ilha, localizados sobretudo na zona em redor de Sarténe.

Fig. 69. Minorca, Baleares. A *naveta* de Els Tudons: é um monumento fúnebre megalítico de planta rectangular, com uma fachada direita e o lado oposto em abside, típico destas ilhas.

Fig. 70. Minorca, Baleares. A *taula* de Torre Trencada. Tipologia megalítica autóctone das ilhas Baleares, a *taula* é formada por pilares quadrangulares que sustentam uma placa de pedra rectangular, como uma espécie de capitel.

Aqui, como noutros locais, restam poucos conjuntos de habitações significativos. Um destes, Passo di Corvo (4.900-4.200 a.C.), comporta um desenho territorial em grande escala. A tripla cintura de fossos cinge uma área de 90 hectares e delimita uma aldeia com numerosos espaços dedicados à agricultura e aos animais. A aldeia entrincheirada mede 800 por 500 metros. Cerca de 7.000 metros quadrados estavam, sem dúvida, preenchidos por habitações construídas com estruturas de estacas de madeira.

Os templos de Malta, segundo as actuais datações arqueológicas, remontam a antes de 3.000 a.C. São contemporâneos dos templos feitos de tijolos crus do «protodinástico literário» sumério e, apesar da sua complexidade arquitectónica, são criações autóctones de uma cultura neolítica local não urbana (nas ilhas maltesas não existem mais do que modestas documentações de povoados).

AS ORIGENS DA ARQUITECTURA

Fig. 71 e 72a-b (*em cima e na página seguinte*). Arzachena, Sardenha. O túmulo dos gigantes de Coddu Vecchiu: vista da parte traseira, vista do interior e a grande laje da entrada, no centro da fachada em pórtico.

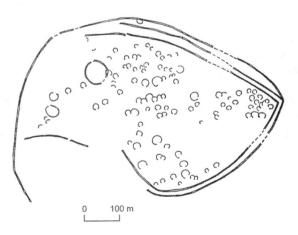

Fig. 73. Passo di Corvo, Apúlia. A aldeia cercada por fossos, com os numerosos recintos de defesa, também destinados à agricultura.

AS DIFERENÇAS DE TEMPO E DE LUGAR...

a b

Nas ilhas, encontram-se inúmeros dólmens, um círculo de pedras (*Xaghra*) e sulcos misteriosos gravados na rocha que serviam, provavelmente, para o transporte dos materiais. De um total de cerca de trinta pressupostos templos de pedra, contam-se quatro de grandes dimensões. A sua planta, geometricamente complexa, deriva de uma composição axial simétrica, com absides semicirculares ligadas de maneira a formarem pátios, provavelmente cobertos de madeira ou de peles. O templo de G'gantija, na ilha de Gozo, e o de Mnajdra, em Malta, compõem-se de pátios separados, não ligados entre si; em Taxien e Hag'ar Qim, em Malta, os templos apresentam muitos pátios interligados.

   Os muros perimétricos e os que delimitam cada uma das absides são duplos, com vários metros de espessura e atestados de terra. Esta solução construtiva torna possível um resultado absolutamente novo na história da arquitectura. Aqui, temos a prova de que o volume do edifício foi concebido para ser visto do exterior. De facto,

AS ORIGENS DA ARQUITECTURA

Fig. 74. As terras submersas pelas águas a sul da Sicília no Plistoceno tardio (a cinzento claro). Havia uma ligação terrestre entre a Sicília e Malta.

os muros duplos, pela sua natureza, permitem ao projectista um número infinito de possibilidades de determinar a forma exterior do edifício, independente das divisões interiores absidadas. A forma geométrica global do edifício e a sua percepção como objecto quando observado a toda a volta permitem uma interpretação independente, ditada pelo efeito exterior pretendido. As fachadas, que determinam o volume exterior, são construídas com grandes lajes de calcário assentes umas nas outras com métodos diversos, em fileiras, em fileiras alternadas de corte e de frontaria, e são as mais antigas fachadas de edifícios de que temos documentação.

Os templos situavam-se, talvez, nos territórios sob a autoridade de várias famílias ou clãs. Encontravam-se em posições geográficas expostas, próximo de promontórios, saliências orográficas, cumes de cadeias montanhosas. G'gantija situa-se sobre um amplo terraço de 40 metros de largura, escorado por um muro de suporte.

AS DIFERENÇAS DE TEMPO E DE LUGAR...

Fig. 75. Malta. Restos do templo de Hag'ar Qim. As fachadas são construídas com grandes lajes de calcário.

Fig. 76. Malta. Planta do templo de Hag'ar Qim.

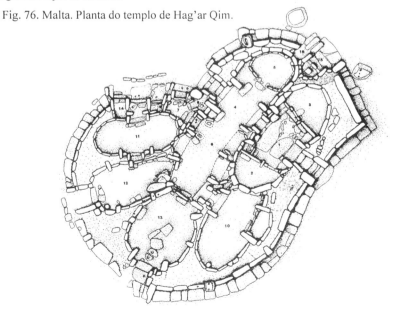

AS ORIGENS DA ARQUITECTURA

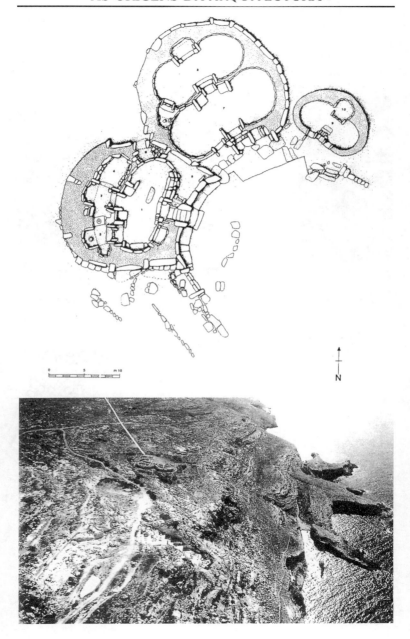

AS DIFERENÇAS DE TEMPO E DE LUGAR...

Fig. 77-79. *(Aqui e na p. ant.)* Malta. Planta do templo de Mnajdra; vista inserida na paisagem da costa alcantilada, onde se encontram pequenos ancoradouros; vista aérea. Notam-se os muros duplos.

Hag'ar Qim olha de través, da sua posição levemente alteada, a ilha de Filfla e é o único templo maltês com duas entradas, alinhadas sobre o eixo maior. Mnajdra, que se encontra próximo, situa-se sobre um esporão a pique sobre o mar, em correlação com alguns ancoradouros. Tarxien devia ter dois pisos acima da terra – há sinais de uma escada – e está decorado essencialmente com motivos em espiral e figuras de animais. Aqui foi encontrada a estátua de uma mulher gorda sentada, com quase dois metros de altura, imagem que caracteriza a cultura religiosa da ilha. Mas é sobretudo o sepulcro hipogeu de Hal Saflieni que consegue transmitir uma imagem da arquitectura exterior dos templos. O sepulcro, entalhado na rocha, desenrola-se em três planos soterrados e tem a câmara principal projectada como se fosse uma fachada exterior, imitando as dos edifícios que estão à superfície.

A arquitectura territorial neolítica constrói as suas obras-primas nas regiões europeias que costeiam o Atlântico e o Mar do Norte – a fachada atlântica europeia – de Portugal à Suécia. Gordon Childe teve a intuição de observar que na Europa os grandes centros da arquitectura megalítica correspondem às regiões em que os

AS ORIGENS DA ARQUITECTURA

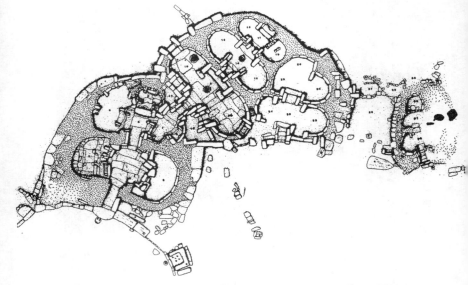

Fig. 80-82. *(Aqui e na p. seg.)* Malta. Planta do templo de Tarxien. O hipogeu de Hal Saflieni, que pode transmitir uma imagem da arquitectura dos templos. A estátua da Grande Deusa, encontrada em Hag'ar Qim, uma das muitas figuras femininas gordas, habituais nas ilhas maltesas.

vestígios paleolíticos são mais numerosos e estão mais bem atestados. Por isso, talvez haja uma relação, desconhecida e remota, de educação, comportamento e cultura, entre os pintores das cavernas paleolíticas e os construtores dos monumentos megalíticos.

É significativo recordar a profunda mudança de opinião, na comunidade arqueológica, sobre as origens das culturas megalíticas europeias. No passado pensava-se que derivavam das grandes civilizações urbanas do Próximo Oriente. Através dos modernos sistemas de datação com carbono radioactivo (*Carbono 14*), Colin Renfrew conseguiu demonstrar que as construções europeias remontam a antes de 4.000 a.c. e são «criações autónomas, únicas no seu género: os mais antigos monumentos de pedra erigidos no mundo». Muitas construções foram iniciadas no V milénio a.c. e modificadas até ao I milénio a.c. Numa primeira fase, os monumentos são de dimensões modestas, construídos por pequenos

AS DIFERENÇAS DE TEMPO E DE LUGAR...

AS ORIGENS DA ARQUITECTURA

Fig. 83. Gwynedd, Grã-Bretanha. O túmulo em corredor, de Barcloiad-y--Grawres, construído em posição estratégica sobre um promontório.

grupos de indivíduos com uma estrutura social igualitária. Numa segunda fase, as dimensões maiores talvez indiquem a passagem a uma sociedade hierárquica. Muitas construções emergentes – túmulos colectivos e construções extraordinárias de grandes

AS DIFERENÇAS DE TEMPO E DE LUGAR...

dimensões – sobreviveram devido à sua solidez e ao respeito das populações posteriores, até aos nossos dias.

Os túmulos têm algumas características comuns: são construídos em pedra, albergam numerosos cadáveres e poucos adereços funerários. Verifica-se apenas a evolução da sepultura escavada na terra, coberta por grandes lajes (Pontcharaud 2), à «câmara dolménica» (Monchique, Portugal) e às câmaras múltiplas de abóbada falsa protegidas por túmulos e longos corredores (Fouillages, Guernesey; Saint-Michel, Morbihan; Moustoir, Carnac; Mané-Lud, Locmariquer). Em seguida, a planimetria da câmara torna-se circular ou em corredor.

O túmulo Barnenez, Finistère (o «Pártenon megalítico», segundo André Malraux), mede 74 metros de comprimento e foi realizado em duas fases, entre 4.700 e 4.300 a.c.; contém 11 câmaras sepulcrais, cada uma das quais abre para o exterior através de um corredor de acesso. Os dólmens de câmara rectangular e corredor direito são construções grandiosas como Cueva de Menga, Antequera, com 25 metros de comprimento, cujo tecto é formado apenas por cinco pedras, ou a vizinha Cueva del Romeral, com um corredor de 30 metros de comprimento que conduz a uma câmara sepulcral circular de cinco metros de diâmetro, sepultada sob um túmulo de 80 metros de diâmetro. O túmulo Pierres Plates, Locmariaquer, tem um dólmen-sepultura e um corredor curvado.

Os conjuntos de sepulturas podem definir novas paisagens. O complexo de Locmariaquer tem um comprimento total de 1.700 metros. A necrópole de Bougon (Deux-Sévres) tem cinco túmulos diferentes lado a lado, com terraplenos monumentais, ocupa dois hectares de superfície e encontra-se no centro de um amplo território assinalado por restos megalíticos. O conjunto de Tusson (Charente) compreende três túmulos, um dos quais – *le gros Dognon* – mede 150 metros de comprimento por 45 de largura e 10 de altura. Em Thouars (Deux Sévres), o túmulo de Motte-des-Justices mede 174 metros de comprimento. Os grandes túmulos chamados «casas dos mortos» encontram-se em grande número na Polónia, na Alemanha e na Dinamarca. O túmulo de Maiden Castle (fig. 86) atinge mesmo mais de 500 metros de comprimento e mais tarde foi transformado num acampamento fortificado com terraplenos triplos, que cobre uma área de 18 hectares; depois da conquista romana, os sobreviventes foram transferidos para a nova cidade de Durnovaria (Dorchester).

AS ORIGENS DA ARQUITECTURA

Fig. 84. Cueva de Menga, Antequera, Espanha. O interior do túmulo com os pilares centrais que sustentam as grandes lajes da cobertura.

Por vezes, as sepulturas formam verdadeiras necrópoles: a da ilha de Rugen (Alemanha) que é constituída por 229 monumentos megalíticos, distribuídos por um comprimento de 40 quilómetros; a de Visbek, próximo de Bremen, que conta, entre os vários vestígios, dois túmulos – *Braut e Brautigam* – de 80 e 110 metros de comprimento; o famoso Los Millares (Espanha), com 85 túmulos que se encontram em estreita relação com o povoado fortificado.

A complexidade do plano paisagístico e a abertura de mais câmaras sepulcrais no mesmo corredor é típica do *court dolmen* de tipo irlandês. Na curva do rio Boyne (Bend of the Boyne), a oeste de Drogheda, na Irlanda, três grandes sepulturas dominam o vale em que se concentram, numa área de oito quilómetros quadrados, mais de 30 entre terraplenos, túmulos e pedras erectas. Para norte encontram-se dois túmulos em corredor, o Hill of Knoth e o Hill of Dowth, cobertos por grandes sepulturas de terra e

Fig. 85 e 86. Finistère, França. O grande túmulo de Barnenez, do final do V milénio a.C., constituído por onze câmaras sepulcrais, colocadas umas ao lado das outras. Dorset, Grã-Bretanha. O túmulo de Maiden Castle, com 550 metros de comprimento e que foi depois transformado em acampamento fortificado.

AS ORIGENS DA ARQUITECTURA

Fig. 87. Wietrzychowice, Kujavia, Polónia. Os túmulos alongados da Kujavia, geralmente bordeados de grandes blocos de pedra, podem atingir 130 metros de comprimento e 15 de largura.

AS DIFERENÇAS DE TEMPO E DE LUGAR...

Fig. 88. Rennes, França. A câmara funerária megalítica de La Roche aux Fées à Essé.

distantes entre si uma milha e meia. O primeiro, que compreende dois túmulos em corredor contrapostos, mede 95 metros de diâmetro e está rodeado por outros dezassete túmulos com lajes finamente lavradas em espiral, em que se reconhece até um quadrante solar. O segundo mede 85 metros de diâmetro por 14 de altura. Ao centro da curva do rio situa-se a terceira grande sepultura, Newgrange (*an Uamh Greine*, a caverna do Sol), que é o túmulo em corredor mais impressionante da Europa. Datado de 3.250 a.C., estava coberto por um túmulo de terra com 85 metros de diâmetro e 14 de altura. O terrapleno, que se estende ao longo de mais de meio hectare, estava apoiado numa parede de pedras de quartzo branco (hoje reconstruída), que fazia brilhar, reflectindo os raios do sol, toda a colina, tornando-a visível mesmo à distância. O perímetro é bordeado por 97 pedras que marcam o limite e o túmulo está rodeado por uma cercadura de 104 metros de diâmetro, constituída por 38 menires. Uma grande pedra (3,2 x 1,6 metros), decorada com motivos em espiral, está colocada em frente da entrada. Uma abertura sobre a porta de entrada no túmulo permite que os raios de sol entrem no interior do corredor para iluminar, nos dias do solstício de Inverno, o pavimento que conduz às três câmaras sepulcrais. Estas encontram-se dispostas em cruz e são cobertas por um telhado, com a altura de seis metros, de cunhas de pedra colocadas em modilhões, perfeitamente encastradas.

AS ORIGENS DA ARQUITECTURA

A orientação segundo o movimento dos astros estabelece uma relação directa entre universo e construções humanas, e permite captar as relações entre as alternâncias terrestres (marés, estações) e os tempos do mundo celeste. A arquitectura adquire então um valor superior. O complexo sistema paisagístico da Bend of the Boyne foi, sem dúvida, um local ritual de interesse público. Renfrew (em *Scientific American*, 249, pp. 152-63) julga que as construções megalíticas tinham como objectivo principal marcar um território, para definir os campos agrícolas que estavam sob a autoridade de uma família ou de uma comunidade. Possivelmente, os megálitos eram colocados nos limites, servindo de cipos ou de marcos miliários, ou então no centro dos territórios sob autoridade, em posições visíveis. Das pesquisas levadas a cabo nas ilhas de Aran conclui-se que os túmulos estavam geralmente ao centro dos lotes de terreno agrícolas, identificando partes homogéneas do território, e fazem pensar em verdadeiros centros sociais, em que se conservavam também os mortos. É possível que os muros de pedra solta que desenham a paisagem das ilhas, delimitam as fortificações sobre o mar e identificam os campos agrícolas sejam de origem pré-histórica.

Outros limites mais complexos e misteriosos são-nos colocados pelas culturas atlânticas europeias. Os três fossos paralelos de Scarmirdge (North Yorkshire) não parecem ter sido pensados para

Fig. 89-91. *(Aqui e na p. ant.)* Bend of the Boyne, Irlanda. Os túmulos de terra que recobrem as sepulturas megalíticas; uma vista aérea de Newgrange; a entrada do túmulo, assinalada por uma grande pedra decorada.

AS ORIGENS DA ARQUITECTURA

Fig. 92. O interior do túmulo de Newgrange, Bend of the Boyne, Irlanda. Vê-se a cobertura feita de cunhas de pedra e, em primeiro plano, um bloco decorado com um motivo em espiral tripla.

fins defensivos, mas apenas para criar uma barreira orográfica, uma fronteira à escala geográfica.

No nosso campo, impressiona-nos a permutabilidade de todos os sinais – geométricos e figurativos – em todos os suportes proporcionados pela paisagem terrestre. As mesmas formas tridimensionais aparecem nas pequenas esculturas de pedra ou de argila e nas grandes construções em terra batida, que medem dezenas ou centenas de metros. As figuras regulares e os seus contornos encontram-se gravados quer nos utensílios de osso quer nas vertentes das colinas. Nas construções isoladas, visíveis à distância, somos impressionados pela inefável integração no contexto paisagístico. Todo o mundo das aparências físicas é passado através de um mesmo filtro visual e intelectual. É porventura da ginástica mental destes longos antecedentes que vêm as solicitações profundas que, nos períodos seguintes, alimentam as artes figurativas nos seus diferentes campos.

O cavalo branco de Uffington, Oxfordshire, nas colinas da

AS DIFERENÇAS DE TEMPO E DE LUGAR...

Inglaterra meridional, que mede 110 metros; o gigante de Cerne Abbas, Dorset, uma figura nua com 55 metros de altura, com o sexo erecto e uma clava em punho com 35 metros de comprimento; o homem de Wilmington, Sussex, com 70 metros de altura, que tem nas mãos dois compridos bastões; as cruzes de Whiteleaf e de Bledlow, Buckinghamshire, colocadas a seis quilómetros de distância mas relacionadas entre si visualmente. Todos estes desenhos, de datação incerta, são realizados escavando o terreno herboso e pondo à mostra o estrato de gesso que está por baixo, e conservam-se porque os habitantes de épocas posteriores executam até hoje uma manutenção periódica. O motivo específico da sua realização e os pressupostos culturais continuam a ser incertos, mas a operação concreta – a impressão e a manutenção de um desenho humano na paisagem natural – conserva-se no tempo e traz até nós o testemunho directo de uma arte remota.

Outras composições podem ser executadas com pedras dispostas segundo um desenho geométrico em grande escala. Um exemplo disso é o leque de Wick (*hill o'many stanes*, a colina com muitas pedras) nas Highlands, de 1.900 a.C: uma composição de cerca de 600 pedras (hoje restam 200), de pequenas dimensões, com menos de um metro de altura, dispostas em vinte e duas filas ordenadas em forma de leque, sob um túmulo colocado no cimo da colina, e que triangulam sob um menir.

Mas as marcas no terreno mais espantosas são os alinhamentos de Carnac, na Bretanha. Uma vasta porção de paisagem voltada para o Golfo de Quiberon, com 15 quilómetros de comprimento, foi completamente redifinida no V milénio a.C. Hoje é mais difícil distinguir a relação exacta entre as construções arquitectónicas e a paisagem, porque o nível do mar elevou-se 7-8 metros, tanto que alguns monumentos, como as duas cercaduras tangentes de pedras erectas na ilha de Er-Lannic, foram submersos.

Aqui existe uma vasta pluralidade de construções neolíticas, e também o maior agrupamento de menires do mundo: mais de 2.500 pedras encontram-se alinhadas em filas paralelas, num comprimento de cerca de quatro quilómetros e uma largura que chega aos 100 metros. Esta instalação em grande escala é subdividida por pequenos intervalos em quatro secções principais: Ménec, Kermario, Karlescan, Petit Ménec. Para noroeste, a oito quilómetros de distância, perto de Erdeven, encontra-se um segundo conjunto de menires.

AS ORIGENS DA ARQUITECTURA

A extremidade oeste dos alinhamentos de Carnac encontra-se perto da aldeia de Ménec. Aqui, um conjunto de 1.100 pedras, dispostas em 12 filas, estende-se por 1.165 metros na direcção nordeste, seguindo as ondulações do terreno, com uma ligeira inflexão ao centro, de 6 graus e meio para norte. As filas não estão à mesma distância umas das outras: as exteriores estão mais próximas, e convergem ligeiramente em leque para este. Existe quase sempre uma relação entre a convergência das filas e a altura das pedras, menor onde se encontram mais próximas e vice-versa (como se fosse um controlo visual perspéctico). A maior parte das pedras tem um metro de altura, e as que estão perto da aldeia têm cerca de três metros. Na outra extremidade existe um ovóide descentrado, de pedras colocadas ombro a ombro, que formam cinco cercaduras concêntricas (*cromlechs*).

A cerca de 250 metros da conclusão do alinhamento de Ménec começa o de Kermario, composto por cerca de 1.000 pedras dispostas numa frente de 100 metros por cerca de um quilómetro. Também aqui a altura das pedras diminui na direcção este, onde as filas convergem. Próximo da extremidade encontra-se um grande menir isolado, *le Géant*, com 6,20 metros de altura.

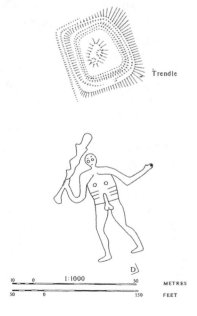

AS DIFERENÇAS DE TEMPO E DE LUGAR...

Fig. 93 e 94. *(Aqui e na p. ant.)* Dorset, Grã-Bretanha. O gigante de Cerne Abbas, com 55 metros de altura. Acima é visível o *trendle*, provavelmente um lugar de culto galo-romano cercado de fossos.

AS ORIGENS DA ARQUITECTURA

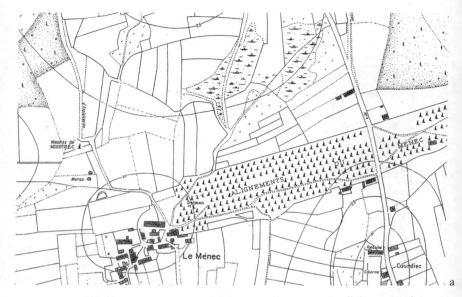

Fig. 95 a-b. *(Aqui e na p. seg.)* Carnac, Bretanha, França. Os alinhamentos de Ménec e de Petit Kermario.

A terceira parte do conjunto fica a 400 metros para este e é conhecida pelo nome de Karlescan. Aqui, 12 filas de pedras partem de um recinto rectangular de pedras – Manio – e percorrem cerca de 300 metros, assumindo a forma de um leque. Mais para este, a 250 metros, encontra-se a última parte do conjunto, o Petit Ménec, que compreende 200 pedras, sempre dispostas em leque. O outro conjunto de menires, o de Kerzerho, perto de Erdeven, compreende 1.100 pedras dispostas em 10 filas que percorrem cerca de dois quilómetros. Aqui, encontra-se também o rectângulo de pedras de Crucuno (17 x 13 metros). Em Sainte-Barbe e *Vieux-moulin* em Plouharnel, em Keriaval e em Saint-Pierre, Quiberon, encontram--se outros alinhamentos menores.

Os alinhamentos inserem-se num contexto de outros monumentos. A sepultura em forma de túmulo de *Kercado*, de 25 metros de diâmetro, encimada por um menir e rodeada por uma cercadura de outros menires, encontra-se sobre uma colina a sul de Kermario, e é a mais antiga construção europeia datada (4.700 a.C.). No centro da zona, próximo de Carnac, sobressai, na paisagem baixa,

AS DIFERENÇAS DE TEMPO E DE LUGAR...

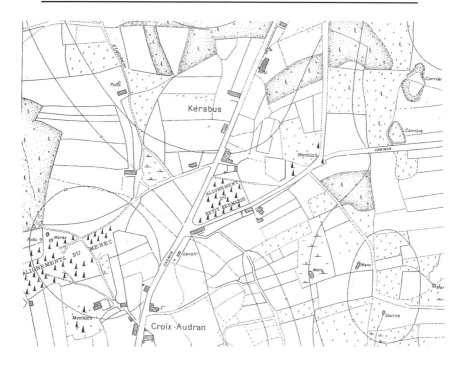

o túmulo de Saint Michel, com a altura de 12 metros, 125 de comprimento e 60 de largura. Na ilha de Gavr'inis há uma sepultura de 55 metros de diâmetro, com o túmulo em corredor com 16 metros de comprimento. Vinte e três das vinte e nove pedras que o constituem são finamente decoradas com motivos em espiral, sinusoidais e volutas.

O *grande menir partido*, ou *Er Grah*, inserido no complexo de túmulos e monumentos de Locmariaquer – Pierres Plates, Mané-er-Hroeck, Mané Rutal, Tables des Marchands, Mané-Lud –, media 20 metros de altura [e pesava 300 ts.]. Talvez fosse um ponto de referência – visual e astronómico – à escala territorial, para todo o complexo monumental da baía de Quiberon.

Carnac não é um caso isolado. Existiam outros alinhamentos em França, hoje quase destruídos, em Penmarch (Finistère) e em Langon (Ille-et-Vilaine).

Escapa-nos o objectivo de todas estas arquitecturas territoriais, de que só se tem a percepção do conjunto percorrendo-o. Não

AS ORIGENS DA ARQUITECTURA

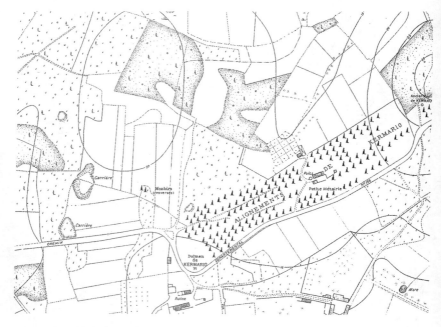

Fig. 96 a-b. *(Aqui e na p. seg.)* Carnac, Bretanha, França. Os alinhamentos de Kermario.

existem posições privilegiadas de onde se possa avaliar o conjunto. São sem dúvida o fruto de um desenho unitário, que pressupõe uma grande capacidade de abstracção e uma lógica – hoje perdida – de distribuir os objectos arquitectónicos pela paisagem. Parece que inclui também a não equivalência das medidas, reproduzidas no espaço em três dimensões. As medidas em altura «pesam» de modo diferente das que são reproduzidas na horizontal. Por isso bastam pequenas alterações na vertical da altura do terreno para produzir grandes efeitos visuais, delimitar um espaço, fazer sobressair um ponto particular, assinalar uma fronteira. A gama completa destas variantes foi tida em consideração pelas culturas neolíticas.

Stonehenge, no Mid-Wiltshire, o mais famoso dos monumentos neolíticos europeus, não é uma construção isolada. Encontra-se numa posição levemente elevada, no centro da paisagem de colinas delimitada pelo vale do Avon e do Till, cheio de restos de outras estruturas em pedra, madeira e terra. Nesta área de cerca de 30

AS DIFERENÇAS DE TEMPO E DE LUGAR...

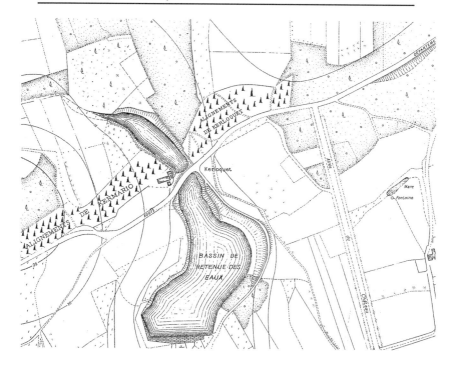

quilómetros quadrados está concentrada uma pluralidade quase completa das tipologias presentes na Grã-Bretanha neolítica. À capacidade de compreender o terreno à escala geográfica, desenvolvida durante o longo período em que o homem foi caçador e recolector, estava ligada a subsistência do grupo. Na época neolítica, essa mesma capacidade é reconduzida a uma escala limitada, e serve para introduzir no ambiente as alterações projectadas pelo homem: os cultivos, as grandes movimentações de terras e as construções emergentes.

A construção do vasto «jardim» pré-histórico de Stonehenge dura mais de 3.000 anos. A zona, que na época do mais antigo achado arqueológico – uma sequência de pilares datados de 8.000 a.C – devia estar coberta por uma floresta de pinheiros e aveleiras, estava já completamente transformada pelo homem quando foram erigidos alguns dos primeiros monumentos, por volta de 3.000 a.C; as florestas tinham sido substituídas por grandes pastagens, entremeadas de campos aráveis. Quando foi construído o famoso

AS ORIGENS DA ARQUITECTURA

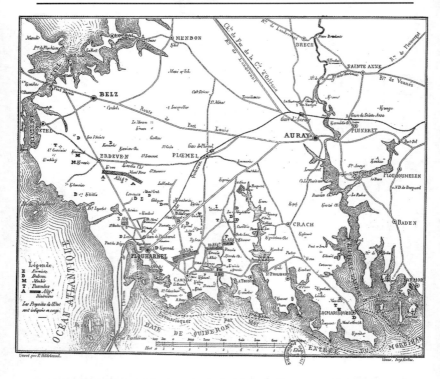

Fig. 97 e 98 *a-c*. Planimetria da baía de Quiberon, em França, com os monumentos principais. Uma vista do alinhamento de Ménec e duas vistas, uma aérea e outra de superfície, do alinhamento de Kermario.

AS DIFERENÇAS DE TEMPO E DE LUGAR...

AS ORIGENS DA ARQUITECTURA

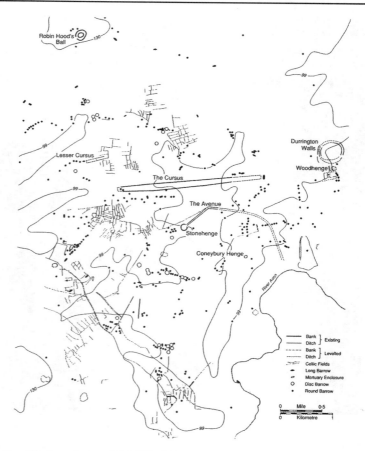

Fig. 99. Stonehenge, Mid-Wiltshire, Grã-Bretanha. Planimetria com os arredores e os principais monumentos neolíticos.

monumento central, em zonas amplas que depois foram delimitadas por muros de vedação (campos célticos) eram cultivados os cereais.

Nesta paisagem estão inseridos os monumentos principais: desde o mais antigo, o Robin Hood's Ball (4.000-3.600 a.C.), constituído por dois anéis circulares de fossos que delimitavam um lugar que servia de defesa e para o culto dos mortos, ao mais recente, o Campo de Vespasiano (1.100-800 a.C.), um forte de 15 hectares inserido numa curva do Avon, rodeado por dois fossos com seis metros de fundo.

AS DIFERENÇAS DE TEMPO E DE LUGAR...

O grande círculo em pedra, que impressiona pela sua inefável ambientação neste contexto, é visível de baixo e de cima, ao centro da cercadura uniforme representada pelo horizonte longínquo. Foi construído em três fases. Na primeira, existia um fosso circular rodeado por diques (2.950-2.900 a.c.). Na segunda, o monumento fora construído com postes de madeira (2.900-2.450 a.c.). Na terceira, a mais longa, procede-se à elevação, desmantelamento e reposicionamento de uma grande quantidade de pedras no interior do recinto circular em terra (2.450-1.600 a.c.).

Nesta fase distinguem-se seis tempos de edificação, até atingir a disposição final: uma cortina circular de 30 trílitos de pedra de Sarsen, contendo no interior, em sucessão, um círculo de pedras azuis, uma ferradura de cinco grandes trílitos em pedra de Sarsen, e outra ferradura de pedras azuis, tendo ao centro a pedra do altar. Os cinco pares de pedras dispostas em ferradura medem entre 6 e 7,3 metros de altura; as do círculo exterior medem quatro metros e apresentam um estreitamento para cima, de maneira a parecerem direitas quando são vistas de baixo (quase uma entase); as arquitraves foram cortadas de modo a acompanhar a curvatura do círculo.

Existem muitos estudos sobre as relações do monumento com o movimento dos astros. O resultado obtido é que se trata de uma arquitectura complexa e requintada, que representa de tal modo um vértice projectual, que dá origem às mais variadas lendas, explicações e mistérios.

A avenida, o antigo percurso cerimonial que, desde o rio Avon, conduz ao monumento, segue um trajecto em cotovelo com um quilómetro, vencendo um desnível de 30 metros. Subindo ao longo da avenida, o monumento em pedra surge repentinamente, a cerca de 100 metros de distância, quando se ultrapassa a última saliência. A estrada é bordejada de aterros que se estreitam gradualmente de 34 para 21 metros, acentuando o efeito perspéctico de chegada ao monumento.

A norte foi traçado o *cursus*, uma plataforma de terra elevada, cercada de diques paralelos com o comprimento de 2.740 metros e colocados a uma distância de 100-150 metros, fechada nas cabeceiras para formar um espaço rectangular assente sobre as colinas, do qual não se podia ver para fora. O nome, dado por William Stukeley, designa um campo de competição, mas a função deste e dos outros *cursus* britânicos (existem cerca de cinquenta) perma-

AS ORIGENS DA ARQUITECTURA

Fig. 100 e 101 *a-b*. Stonehenge, Mid-Wiltshire, Grã-Bretanha. Paisagem de Inverno, planta e vista aérea em aproximação do monumento principal.

AS DIFERENÇAS DE TEMPO E DE LUGAR...

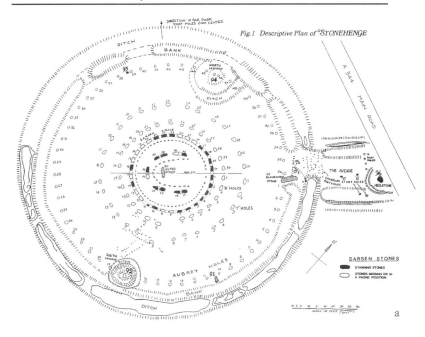

Fig.1 Descriptive Plan of STONEHENGE

nece desconhecida. O *cursus* de Stonehenge separa dois grupos de túmulos lineares e poderia ser uma fronteira entre recintos diferentes.

Conhecem-se outros, em Dorchester-on-Thames, em Maxley, em Godmanchester, em Fornahm All Saints, em Sprigfield, em Rudsyon, em Scorton, e outro mais pequeno em Stonehenge, de 60 x 400 metros.

O *cursus* do Dorset, que separa uma área de rios e riachos de uma outra de terras argilosas com maior densidade de população, é o mais impressionante destes monumentos e estende-se por mais de 10 quilómetros, atravessando duas séries de colinas. Os relevos e os fossos de terra que o delimitam distam 80-100 metros entre si. Os desaterros dos fossos foram colocados ao lado, formando os relevos. Calcula-se que, para os executar, tenham sido movimentados 184.000 m3 de terra. No interior do gigantesco rectângulo estão inseridos quatro túmulos, um dos quais, junto da colina de Borkerly, tem o comprimento de cerca de 150 metros.

No limite oriental do jardim de Stonehenge, nas proximidades do Avon, encontra-se Woodhenge, um edifício circular de 85 metros de diâmetro com um pátio redondo, construído com pilares de madeira. Mais a norte, as Durrington Walls, um gigantesco *henge* de 487 metros de diâmetro rodeado por um dique hoje nivelado e por um fosso, que encerra uma área de 12 hectares e que devia dominar, em dimensões, todo o complexo.

AS DIFERENÇAS DE TEMPO E DE LUGAR...

Fig. 102 e 103. *(Aqui e na p. ant.)* Stonehenge, Mid-Wiltshire, Grã-Bretanha. Vista do monumento, à altura normal duma pessoa, e pormenor de um dos trílitos que formam a cercadura de pedras.

AS ORIGENS DA ARQUITECTURA

Fig. 104. Scorton, North Yorkshire, Grã-Bretanha. O traçado perfeitamente rectangular do *cursus* de Scorton é visível do avião.

Os lugares cercados por aterros, que não têm uma função funerária específica, foram denominados *henges* por Thomas Kendrick e Christofer Hawks em 1932. Muitas vezes, no seu interior encontram-se edifícios em madeira, outros subsistemas em aterro ou até paliçadas (Mount Pleasant). Encontrou-se uma centena destes lugares nas ilhas britânicas, cujo diâmetro varia entre os 10 metros (Fargo Plantation, Wiltshire) e as grandes dimensões de Durrington Walls e Avebury. Por vezes a cercadura é deformada. O *henge*

AS DIFERENÇAS DE TEMPO E DE LUGAR...

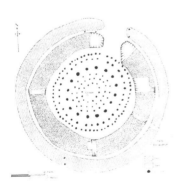

Fig. 105 *a-b*. Vista e planta de Woodhenge, Mid-Wiltshire, Grã--Bretanha. O edifício circular, sustentado por pilares de madeira, tem cerca de 85 metros de diâmetro.

de Marden, no vale de Pewsey, Wiltshire, mede 530 x 360 metros; o de Mount Pleasant, Dorset, mede 370 x 320 metros.

As transferências de terras seguem a lei do mínimo dispêndio de forças. O material resultante da escavação é transferido para as proximidades ou serve para executar outras construções de diversos tipos. Nos recintos defensivos, o fosso no exterior e o aterro no interior incrementam a diferença de nível entre o interior e o exterior (este dispositivo manter-se-á constante até ao

AS ORIGENS DA ARQUITECTURA

Fig. 106. Arbor Low, Derbyshire, Grã-Bretanha. Um *henge* delimitado por fossos, com a típica divisória que mostra a transferência de terreno para a parte exterior. Ao centro, o círculo ritual delimitado por pedras.

aparecimento da artilharia). A delimitação típica dos *henges*, com o aterro no exterior e o fosso no interior, evidencia uma estratégia projectual muito complexa: determina com precisão o espaço interno, permite que não se possa ver a paisagem exterior e impede que do exterior se saiba aquilo que se passa no interior.

Em redor da aldeia de Avebury, no Wiltshire, está concentrada, num raio de cinco quilómetros, uma paisagem surpreendente de monumentos neolíticos. Trata-se de outro requintado «jardim», que cria simultaneamente uma nova topografia e uma nova orografia.

As colinas voltadas para o vale do rio Kennett eram revestidas de grandes florestas, que pouco a pouco se foram rarefazendo, a partir de 3.500-3.000 a.C., para criar pastagens e clareiras; numa delas foi construído um dos maiores centros cerimoniais da Inglaterra meridional. Nos limites norte e sul encontram-se os monu-

AS DIFERENÇAS DE TEMPO E DE LUGAR...

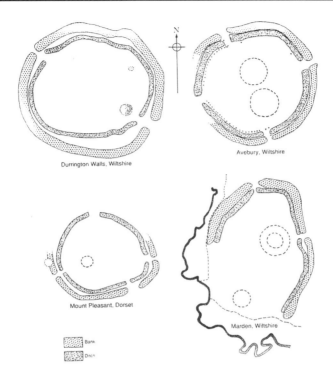

Fig. 107. Wessex, Grã-Bretanha. Plantas, à mesma escala, de quatro *henges*, com um diâmetro médio superior aos 300 metros.

mentos mais velhos, anteriores a 3.000 a.c., Windmill e Knap Hills, que incluem cercaduras com fossos e aterros. O pleno desenvolvimento do complexo monumental dá-se durante cerca de 500 anos, de 2.900 a 2.400 a.c. Os monumentos anteriores são englobados na nova composição, que tem em conta a topografia e os alinhamentos astronómicos.

Um dos centros do complexo é um gigantesco *henge* de 427 metros de diâmetro, que encerra uma área de onze hectares e meio. O *henge* é delimitado por um fosso e o material resultante da escavação foi transferido para o exterior para formar um aterro, criando assim um desnível de cerca de 17 metros entre o fundo do fosso e o alto do aterro.

AS ORIGENS DA ARQUITECTURA

Fig. 108. Ilhas Órcades, Grã-Bretanha. O grande círculo de Borgard mede 104 metros de diâmetro e está situado numa península, no centro de uma zona densamente ocupada por monumentos neolíticos.

AS DIFERENÇAS DE TEMPO E DE LUGAR...

O substrato de gesso do terreno, posto a descoberto pelas escavações, produz marcas brancas muito visíveis na paisagem, em contraste com a erva e as árvores. De longe, o *henge* devia surgir como uma linha branca que sobressaía na paisagem envolvente; este efeito, utilizado também nos geóglifos ingleses, já não existe hoje, porque os desaterros foram recobertos pela vegetação, mas era utilizado em todos os monumentos de Avebury executados com as movimentações de terras.

A estrutura circular fosso-aterro do *henge* está rodeada, no bordo interior, pelo maior círculo de pedras erectas conhecido. No interior existem dois círculos menores de pedras que delimitam outros espaços cerimoniais: o South Circle, de 103 metros de diâmetro, que tem no centro um menir conhecido como *the Obelisk*, e o North Circle, de 100 metros de diâmetro, que continha uma estrutura em pedra triangular conhecida como *the Cove*. O *henge* tinha quatro entradas, que são hoje utilizadas para o acesso à aldeia, construída sobre os restos arqueológicos.

Do *henge* partem duas imponentes estradas colunadas, bordeadas de menires – Beckhampton Avenue e West Kennet Avenue. As duas avenidas criam, sem dúvida, em pedra, os percursos cerimoniais. A West Kennet Avenue termina no Sanctuary, um círculo de pedras de 40 metros de diâmetro com estrutura em madeira. A sudoeste do Sanctuary encontra-se o West Kennet Long Barrow (cerca de 3.600 a.C.), um túmulo sepulcral com 100 metros de comprimento, em que a sepultura ocupa apenas 1/8 do comprimento global. Com o tempo, as funções da sepultura sofreram alteração, transformou-se num edifício para a comunidade, que foi completado com uma fachada de grandes pedras.

O centro da composição é dominado pela maior colina artificial da Europa, Silbury Hill. É um tronco de cone circular em gesso, com 41 metros de altura, que cobre uma base de 2,2 hectares, construído em três fases, de 2.800 a 2.400 a.C. Calcula-se que tenham sido necessários quatro milhões de horas de trabalho para transportar 500.000 toneladas de gesso, colocadas sobre estratos de cascalho e terra em socalcos. Silbury Hill é baricêntrica dentro do sistema monumental, mas está situada no fundo da bacia fluvial. Vista de longe, a sua altura corresponde exactamente ao horizonte visual. Na época era completamente branca e devia impor-se como um grande objecto tridimensional a toda a volta, como as cúpulas renascentistas, que enfatizam o efeito de claro-escuro da

AS ORIGENS DA ARQUITECTURA

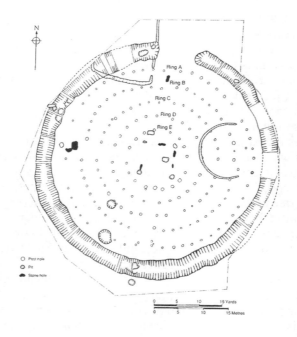

AS DIFERENÇAS DE TEMPO E DE LUGAR...

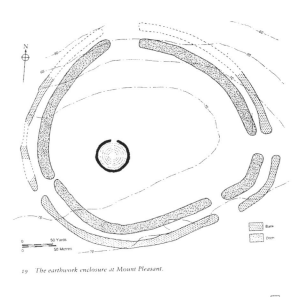

19 *The earthwork enclosure at Mount Pleasant.*

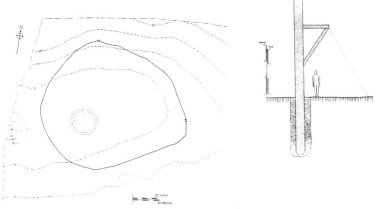

Fig. 109 *a-b* e 110 *a-b*. *(Aqui e na p. ant.)* Mount Pleasant, Dorset. O grande *henge*, de forma oval, mede 370 x 320 metros e encerra um edifício anterior (p. 134), com pilares de madeira dispostos em círculos concêntricos. Na foto vêem--se as escavações arqueológicas. Mais tarde, uma parte da zona ritual foi delimitada por uma paliçada de defesa em madeira (em cima, a planta e a secção).

AS ORIGENS DA ARQUITECTURA

Fig. 111 e 112. *(p. seg.)* Avebury, Wiltshire, Grã-Bretanha. Vista aérea e planta do círculo ritual, com a colina artificial de Silbury.

sua própria sombra, e podem ser avistadas mesmo a grande distância. A colina, porém, não é visível de todas as posições, e desaparece da vista quando se percorrem as avenidas que conduzem ao *henge*. A sua posição talvez tenha sido calculada em relação ao nascer do Sol na Waden Hill, o pequeno monte natural situado no coração do complexo de Avebury, estranhamente desprovido de achados arqueológicos, enquanto as colinas em redor estão cheias deles.

Enquanto os *henges* da Inglaterra meridional são delimitados por fossos com a sua secção característica, nos círculos de Priddy (Somerset, fig. 36) o aterro é substituído por uma série de postes espetados no terreno, que formavam uma ligeira elevação. O complexo de Priddy inicialmente compreendia quatro cercaduras,

AS DIFERENÇAS DE TEMPO E DE LUGAR...

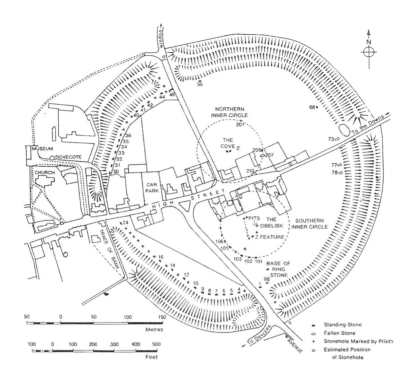

uma das quais foi destruída. Os espaços vazios que separam as cercaduras entre si medem cerca de 55 metros. Na arte territorial neolítica europeia as cercaduras formadas por paliçadas em madeira são uma excepção. Mas, na zona de Hindwell (Powys, Gales), uma fotografia aérea localizou, em 1994, as fundações de um sistema de paliçadas de troncos de carvalho de 80 cm de diâmetro (2.700 a.c.), que cercam um espaço de 800 x 420 metros, isto é, 34 hectares. Os 1.400 troncos, enterrados no chão de cascalho à profundidade de dois metros, podiam elevar--se cerca de seis metros em relação ao nível da planície. É muito improvável que a vedação tivesse fins defensivos, porque podia ser atacada e queimada com facilidade. Nenhum testemunho de vida quotidiana foi encontrado no interior da gigantesca paliçada, que provavelmente servia para impedir a vista para o interior de um espaço cerimonial.

AS ORIGENS DA ARQUITECTURA

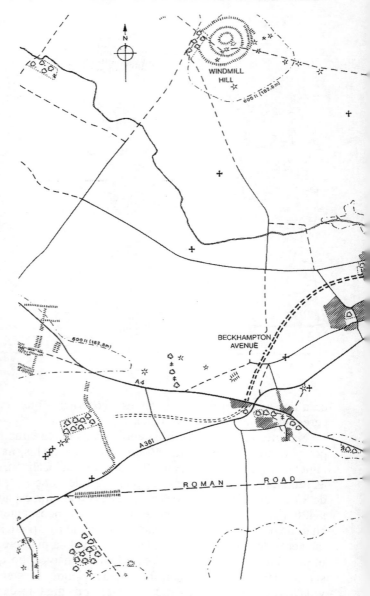

Fig. 113. Avebury, Wiltshire, Grã-Bretanha. O complexo monumental com as estradas colunadas, a colina de Silbury, o Sanctuary e o Windmill Hill.

AS DIFERENÇAS DE TEMPO E DE LUGAR...

AS ORIGENS DA ARQUITECTURA

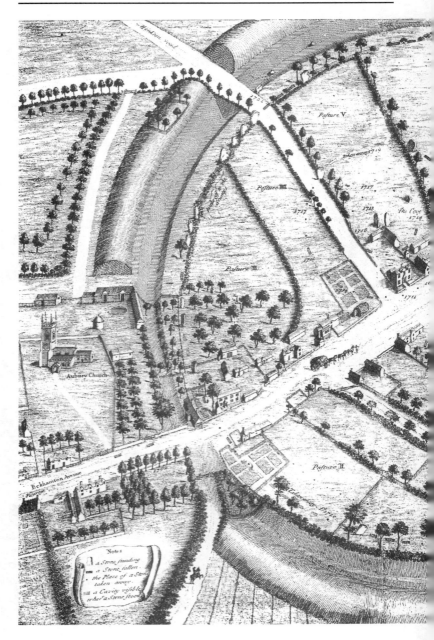

AS DIFERENÇAS DE TEMPO E DE LUGAR...

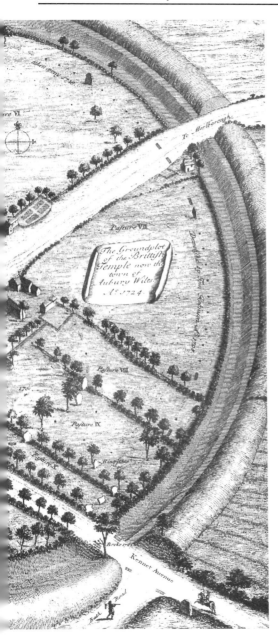

Fig. 114. Avebury, Wiltshire, Grã-Bretanha. Uma gravura de William Stukeley, de 1724, mostra a aldeia que continua a existir no grande círculo ritual.

AS ORIGENS DA ARQUITECTURA

Fig. 115 *a-b*. Avebury, Wiltshire, Grã-Bretanha. Duas vistas de Silbury Hill. Escavações recentes fazem supor que tenha sido construída como uma enorme rampa em espiral, não circular mas em forma de polígono de nove lados.

AS DIFERENÇAS DE TEMPO E DE LUGAR...

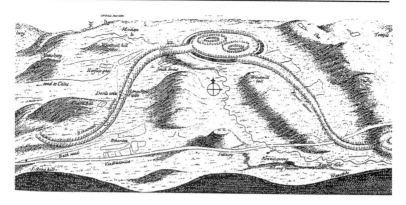

Fig. 116. Avebury, Wiltshire, Grã-Bretanha. A paisagem, de acordo com a reconstituição de William Stukeley.

O uso da madeira quase sempre precede uma fase seguinte de monumentalização das intervenções arquitectónicas, com o uso de um material mais duradouro, a pedra. Uma excepção a esta sequência está documentada em Skare Bare, na ilha de Mainland, Órcades, a 10 quilómetros do centro monumental de *Borgard*, onde foi encontrada uma pequena aldeia de sete casas totalmente construídas em pedra, incluindo os móveis internos, geralmente colocados ao centro das paredes dos compartimentos. Parece que a decisão de erigir as casas em pedra tenha sido intencional; nas praias da ilha havia troncos de árvores em abundância, arrastados pelas correntes. As casas, cuja planta tende para o quadrado, são servidas por uma série de passagens em forma de túnel. Outra aldeia semelhante, sem dúvida mais antiga (3.500 a.C.), é Knap of Howar, na ilha de Papa Westray.

AS ORIGENS DA ARQUITECTURA

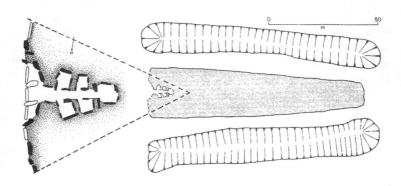

Fig. 117 *a-b*. Fotografia aérea e planta do túmulo sepulcral de West Kennet, com 100 metros de comprimento, que faz parte do «jardim» neolítico de Avebury.

AS DIFERENÇAS DE TEMPO E DE LUGAR...

Fig. 118 e 119. Ilhas Órcades, Grã--Bretanha. O exterior e o interior do túmulo de Quoyness: a câmara sepulcral tem quatro metros de altura.

AS ORIGENS DA ARQUITECTURA

Fig. 120. Ilhas Órcades, Grã--Bretanha. A aldeia enterrada de Skare Bare. Podem ver-se os móveis, também construídos em pedra.

O Neolítico sem fim no Novo Mundo

No continente que mais tarde se chamará América, o povoamento humano dá-se talvez a partir da Ásia numa época relativamente recente, algumas dezenas de milhar de anos atrás, durante o último período glacial, através do estreito de Bering ou de uma ponte mais a sul, libertada depois dos gelos e já não praticável no período pós-glaciar, ou talvez mesmo por diversas vezes, através das rotas oceânicas do Pacífico Sul. Este acontecimento exclui qualquer «influência» do Velho sobre o Novo Continente a partir da fase neolítica, e o caso americano representa um novo ponto de partida da empresa humana de alteração do ambiente terrestre, de enorme interesse justamente pela sua singularidade.

O encontro de populações relativamente evoluídas com um território livre vastíssimo produz povoamentos complexos, mesmo quando os meios técnicos continuam a ser primitivos. Nas grandes planícies da América setentrional, as primeiras comunidades agrícolas – não exclusivamente sedentárias mas também sazonalmente nómadas, dada a baixíssima densidade territorial – constroem instalações em terra batida, algumas das quais de enormes dimensões, como Poverty Point, Louisiana (cerca de 1.000 a.C.),

AS DIFERENÇAS DE TEMPO E DE LUGAR...

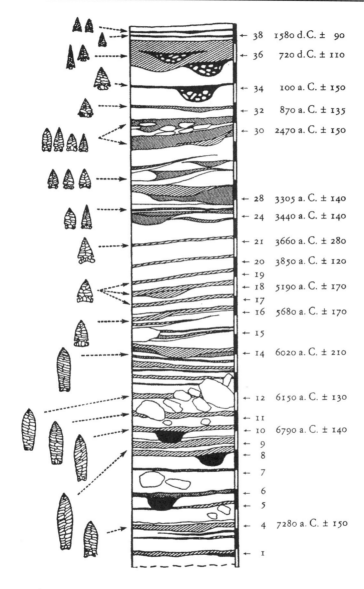

Fig. 121. Absaroka Mountains, Yellowstone, Wyoming, USA. Estratigrafia de uma caverna. Foram identificados 38 estratos, que demonstram que a caverna foi habitada durante 9.000 anos (cf. Ceram, 1972).

AS ORIGENS DA ARQUITECTURA

Fig. 122. A rocha chamada *Utah Newspaper Rock*, sobre a qual se acumularam *graffiti* de todos os géneros das populações indígenas, a partir do período neolítico.

segundo modelos geométricos surpreendentemente elaborados, embora os processos de construção continuem a ser elementares. Nos quinze séculos que se seguiram, as instalações deste tipo multiplicam-se nas planícies a este do Mississipi. As deslocações de terras prestam-se para executar uma espantosa variedade de construções tridimensionais, isoladas ou em grupo. A estas juntam-se imagens de homens e de animais, desenhadas no terreno ou modeladas em três dimensões, entre as quais se destaca o Serpent Mound, encontrado no Ohio, uma enorme escultura em terra batida com mais de 100 metros de comprimento. As datas relativamente recentes não impedem que os consideremos pertencentes à época neolítica, dado que nem a base económica, nem os sistemas sociais, nem as técnicas construtivas sofrem variações significativas. Constatamos, sim, um resultado que encontra paralelo nas outras partes do mundo: o esgotamento progressivo da fantasia

AS DIFERENÇAS DE TEMPO E DE LUGAR...

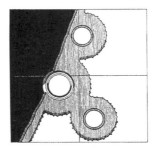

Fig. 123 e 124. Ilha Sapelo, Georgia, USA. Os três círculos situados na costa da ilha, datados de cerca de 1.700 a.c.: uma das construções neolíticas mais antigas de todas as Américas. Esta planta e as outras que se seguem estão desenhadas sobre um quadriculado de 200 x 200 metros (cf. Morgan, 1980).

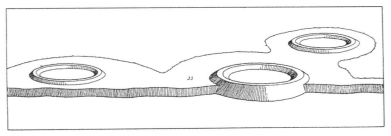

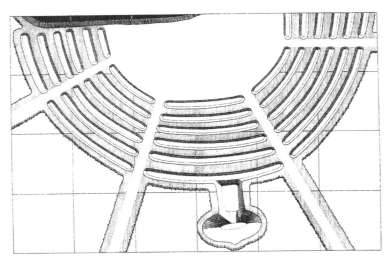

Fig. 125 e 126 (*em cima e na página seguinte*). Poverty Point, Louisiana, USA. O complexo de terra batida é datado de cerca de 1.000 a.c. O hemiciclo central tem 595 metros de diâmetro, e a instalação inclui quatro observatórios alteados, mutuamente visíveis, que ocupam uma área com cinco quilómetros de comprimento.

AS ORIGENS DA ARQUITECTURA

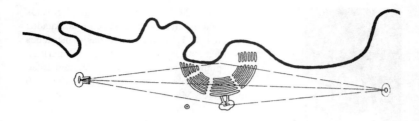

projectual, que multiplica ao infinito as possíveis variantes, movimentando-se em círculo e repetitivamente. Também a imaginação neolítica, isolada durante um longo período de tempo numa situação de densidade de fixação muito baixa, se encaminha para uma espécie de maneirismo.

Nos planaltos da América Central, as primeiras aldeias neolíticas são datadas de cerca de 2.500 a.C., embora as primeiras culturas agrícolas remontem a 5.000 a.c. e talvez mesmo a uma época mais antiga. A razão para que assim seja talvez tenha que ver com o longo período de selecção genética do milho, cerca de 3.000 anos, para obter um rendimento suficiente para uma agricultura sedentária. A partir desse momento a evolução dos aldeamentos conduz rapidamente às primeiras «cidades»; mas esta palavra tem um significado mais político do que arquitectónico. (No momento da conquista europeia, na bacia do México existiam ainda 50 ou 60 cidades-estado, com uma população que variava entre 5.000 e 30.000 pessoas e um território de 100 a 200 quilómetros quadrados. Algumas destas cidades, mais poderosas e que exerciam alguma forma de senhorio sobre as outras, tinham-se tornado maiores: Texcoco, com 20-30.000 habitantes para uma área de 400 hectares, e Tenochtitlan com 60.000 ou mais habitantes para 1.200 hectares.) Encontra-se aqui uma das razões que tornam ambígua na América a terminologia do Mundo Antigo. Cada «cidade» é um centro de serviço, ligado a um território não directamente dependente, mas dotado, por sua vez, de outros centros menores, segundo uma hierarquia de sujeições de vários géneros, muitas vezes revogáveis. Acresce que se aplica a todas um nível de densidade demográfica e arquitectónica notavelmente baixo, pelo que os aldeamentos de qualquer tipo, mesmo quando albergam populações comparáveis às euroasiáticas, ocupam áreas muito mais extensas.

AS DIFERENÇAS DE TEMPO E DE LUGAR...

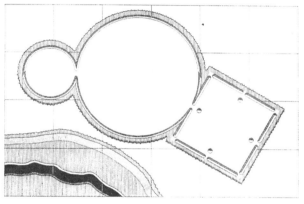

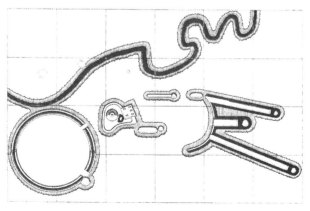

AS ORIGENS DA ARQUITECTURA

Fig. 127-129 (*na página anterior*). Marietta, Ohio; Oldtown, Ohio; Fort Center, Florida, USA. Três instalações americanas construídas no período entre 500 a.C. e 200 d.C. (a última delas com as alterações introduzidas em 1.650 d.C.).

Fig. 130 e 131 (*nesta página*). Peebles, Ohio. Fotografia aérea e planta do Serpent Mound, executado entre 500 a.C e 200 d.C. O corpo da serpente tem cerca de 400 metros de comprimento

AS DIFERENÇAS DE TEMPO E DE LUGAR...

A fig. 138 mostra a evolução dos aldeamentos no planalto do México, a uma altitude de mais de 2.000 metros, onde a investigação arqueológica se tem ocupado da maior parte da zona. Outra zona bastante estudada é o vale de Oaxaca, a 1.550 metros de altitude. Por volta de 1.300 a.c., o vale contém cerca de uma dúzia de aldeias agrícolas, abrangendo três a dez feitorias; uma única entre elas, San José, cresce rapidamente entre 1.150 e 850 a.c., e oferece uma gama de serviços para toda a planície. Nas terras baixas para os lados do golfo e do Pacífico, e na planície oriental dos Maias, as primeiras aldeias agrícolas com utensílios em cerâmica surgem entre 2.000 e 1.500 a.c. Na planície costeira junto a Veracruz, lugar de origem da civilização Olmeca, emergem dois locais: cerca de 1.000 a.c., San Lorenzo – onde é construída uma vasta plataforma artificial, povoada por grandes cabeças esculpidas em andesite, trazida para aqui de uma região longínqua – e, depois de 800 a.c., La Venta, uma ilha rodeada de pântanos, com um vasto complexo de plataformas, pátios e uma pirâmide canelada. Cada um compreende um pequeno número de residências e numerosos edifícios especializados.

Na América meridional a agricultura intensiva, facilitada pelas melhorias climáticas, difunde-se por volta de 1.800 a.C. na costa setentrional do Peru e, por volta de 1.600 a.C., na bacia do lago Titicaca. A agricultura de irrigação, juntamente com a pesca marítima na costa e a criação de gado nas montanhas, e também as florescentes indústrias da cerâmica e da tecelagem, produzem uma espécie de *boom* económico, cujos recursos são desde muito cedo destinados aos grandes monumentos públicos espalhados pelo vasto território (já antes deste período, por volta de 2.000, um vasto complexo cerimonial construído em pedra talhada – mais de 100.000 toneladas – conhecido por El Paraíso, foi construído por uma população ainda desprovida de cerâmica e dedicada apenas parcialmente à agricultura).

A forma em U, e portanto a subordinação a um percurso que funciona como um eixo de simetria, repete-se em numerosos santuários da costa, entre os quais o santuário gigantesco de Cerro Sechin (cerca de 1.200 a.C.). O corpo principal do edifício, com

AS ORIGENS DA ARQUITECTURA

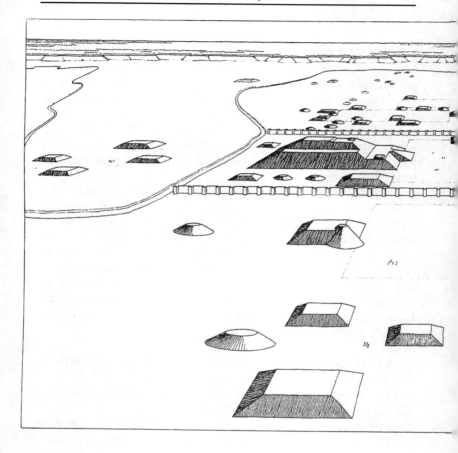

Fig. 132. Cahokia, Illinois, USA. O maior agregado da América do Norte, construído entre 900 e 1.250 d.C., numa área de 1.336 hectares, próximo de Saint Louis. É constituído por um centro rodeado por uma paliçada, com uma grande pirâmide em terra batida (10 hectares de base e 30 metros de altura) e uma centena de pirâmides menores na zona circundante. As dimensões físicas sugerem semelhanças com uma cidade de verdade, mas para uma população rarefeita e talvez móvel.

Fig. 133 e 134 (*na página seguinte*). Dois geóglifos norte-americanos: os três pássaros de Lower Dells, Wisconsin (o que está em baixo tem uma envergadura de 73 metros), e as duas figuras de Blith Site, Califórnia (o homem tem 28 metros de altura).

AS DIFERENÇAS DE TEMPO E DE LUGAR...

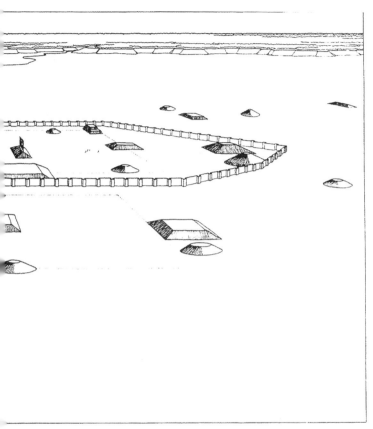

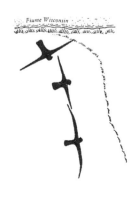

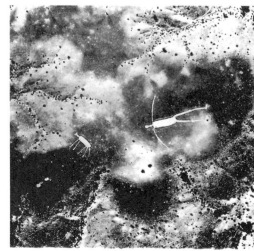

AS ORIGENS DA ARQUITECTURA

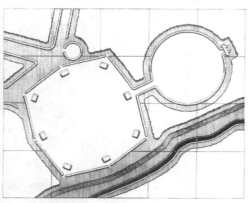

Fig. 135 e 136. Newark, Ohio, USA. A instalação com o círculo e o octógono perto um do outro, datada dos primeiros séculos da era cristã, está bem conservada e sobressai no tecido da paisagem moderna.

Fig. 137. Chaco Canyon, Novo México, USA. Ao longo deste vale existem as ruínas de doze aldeias dos índios Anasazi, construídas entre os séculos X e XII d.C.; em primeiro plano vê-se a aldeia mais bem estudada e preservada – Pueblo Bonito – onde as zonas de estar e as zonas de serviço formam um único edifício articulado.

AS ORIGENS DA ARQUITECTURA

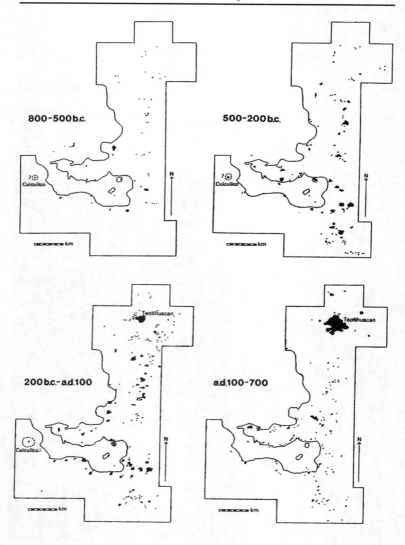

Fig. 138. A evolução dos aldeamentos na margem ocidental do lago do México, México, entre 800 a.C. e 700 d.C., segundo Warwick Bray.

AS DIFERENÇAS DE TEMPO E DE LUGAR...

300 x 250 metros e 40 metros de altura, é precedido por uma sucessão de praças em escada, com 400 metros de largura e mais de um quilómetro de comprimento, nas quais foram escavados dois pátios circulares.

Os empreendimentos monumentais deste género explicam-se como elementos de uma intervenção humana executada à escala geográfica, que transforma artificialmente o deserto costeiro num território cultivável, graças aos canais de irrigação provenientes

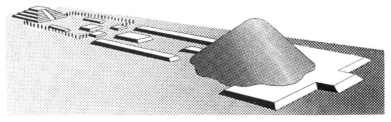

Fig. 139 e 140. América Central. A primeira instalação monumental realizada pelos Olmecas no início do I milénio a.C. Uma das cabeças em pedra de San Lorenzo e o centro de cerimónias de La Venta, na reconstituição de M.D. Coe.

AS ORIGENS DA ARQUITECTURA

dos cursos de água, que devem ser continuamente protegidos e reparados para compensar as irregularidades das precipitações e eliminar os detritos. Os santuários são uma defesa metafísica contra estes perigos.

E há mais. Na planície do Peru meridional, os Nazca deixaram no deserto um vasto conjunto de geóglifos, obtidos através da remoção do estrato superficial escuro e pondo a descoberto o claro que está por baixo, como em Inglaterra; mas aqui, onde nunca chove, não é necessária qualquer manutenção, e os desenhos huma-

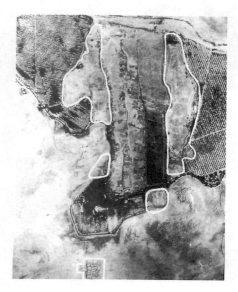

Fig. 141 e 142. As instalações de El Paraíso, o mais antigo cenário em pedra de toda a América, executado no início do II milénio a.C.

AS DIFERENÇAS DE TEMPO E DE LUGAR...

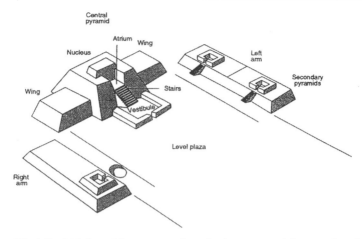

Fig. 143 e 144. O modelo recorrente dos primeiros centros cívicos e cerimoniais construídos ao longo da costa peruana, segundo Moseley, e um dos exemplos mais elaborados, Huaca de los Reyes, com os seus acréscimos sucessivos.

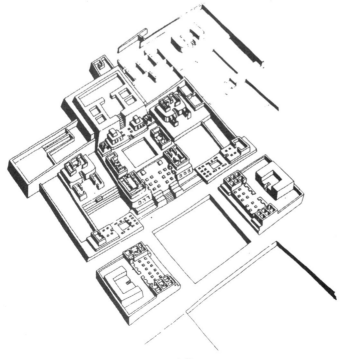

AS ORIGENS DA ARQUITECTURA

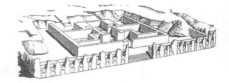

Fig. 145 e 146. O santuário de Cerro Sechin, Peru. Fotografia aérea e reconstituição, segundo Moseley.

nos sobrepostos em épocas diversas conservam-se indefinidamente. São linhas rectas de várias espessuras, que chegam a ter 20 quilómetros, e que em conjunto atingem 1.300 quilómetros; as figuras geométricas são cerca de 300, e cerca de 35 os perfis de animais, plantas e pelo menos um homem, formados por uma única linha que é sempre contínua e une dois pontos separados, como se fosse previsto percorrê-la a pé. Os vários sinais, executados em épocas diferentes, estão sobrepostos de modo caótico, e estabelecem relação unicamente com os cursos de água, dos quais parecem derivar. Talvez tenham sido executados por diversos sujeitos, «usados» uma única vez e depois esquecidos, numa «ardósia» de *pampa* que mede 200 quilómetros quadrados (foi demonstrado com experiências feitas propositadamente que um pequeno grupo

AS DIFERENÇAS DE TEMPO E DE LUGAR...

Fig. 147 e 148. A cortina de lajes esculpidas que ornamentavam a fachada de Cerro Sechin, Peru, com imagens aterradoras de inimigos cortados em pedaços.

AS ORIGENS DA ARQUITECTURA

de executantes, trabalhando em colaboração, pode remover numa semana 16.000 metros quadrados de terreno). O livro de M. E. Moseley, *The Incas and their Ancestors*, 1992, atribui estas obras ao «primeiro período intermédio», que vai de 500 a.C. a 500 d.C. A imaginação gráfica da população é atestada também pelas cerâmicas e pelos tecidos, conservados em grande quantidade no clima seco da região.

Nos territórios de altitude apresenta-se um desafio ainda mais importante entre o homem e o ambiente. Nas vertentes é preciso fazer socalcos para que possam ser cultivados e irrigados. A domesticação dos animais, o lama e a alpaca, ajuda a transportar os pesos e fornece a lã para enfrentar os rigores do clima. As repetidas experiências de adaptação das espécies vegetais às várias altitudes promovem uma produção alimentar amplamente diferenciada, complementar da alimentação da planície e que compete com ela. Um ecossistema artificial sobrepõe-se também aqui, em zonas limitadas, ao grandioso cenário dos Andes, dando origem a emoções análogas e ritos propiciatórios. Uma série de centros cerimoniais surgidos entre 1.500 e 1.000 a.c. – Pacopampa, Huacaloma, Layzon – corrigem as ondulações da paisagem para obter grandes terraços regulares, revestidos de pedra e por vezes pintados.

O grande *castillo* de Chavin de Huantar, no Peru, construído entre 800 e 200 a.C., no limiar das experiências mais complexas

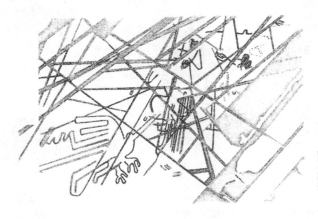

Fig. 149. Nazca, Peru. Uma parte dos geóglifos desenhados na planície, a partir da segunda metade do I milénio a.C.

AS DIFERENÇAS DE TEMPO E DE LUGAR...

do «período intermédio», utiliza com suprema mestria os processos da arquitectura megalítica, e cria uma plataforma com três níveis, em cujas vísceras se encontra cravado, obstaculando o corredor central, o *Lanzón* esculpido, que é o principal objecto de culto. A distribuição do templo reproduz a divisão tradicional do mundo em três planos sobrepostos:

mundo-de-cima (*janan pacha*): falcão, águia;
mundo-de-aqui (*kay pacha*): homem, jaguar;
mundo-de-baixo (*urin pacha*): jaguar, serpente.

Sobre o primeiro plano existe outro mais alto, celeste (*janaq*), e, sob o terceiro plano, um mais profundo (*uku*). Algumas divindades habitam entre *janaq* e *janan*, e manifestam-se nas estrelas, no Sol, na Lua e no raio. Outras entre *urin* e *uku*, e governam o subsolo, os mortos, as forças germinadoras. As montanhas e as rochas escarpadas pertencem ao pólo superior; os lagos, as fontes e as grutas ao pólo inferior. *Chawpin*, na língua local, significa «centro», e o templo é considerado um centro do mundo, onde se dá a mediação entre todas as partes do universo.

AS ORIGENS DA ARQUITECTURA

Fig. 150. Nazca, Peru. Uma das gigantescas figuras zoomórficas, vista de avião. Supõe-se que a haste a seguir ao bico do volátil tenha sido acrescentada posteriormente.

AS ORIGENS DA ARQUITECTURA

AS DIFERENÇAS DE TEMPO E DE LUGAR...

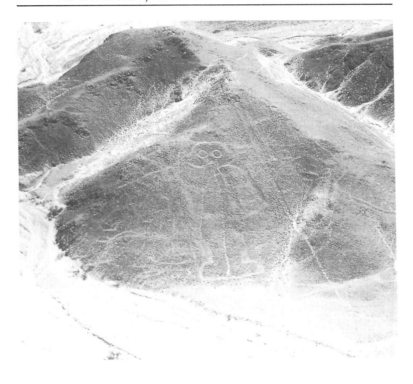

Fig. 151. Nazca, Peru. Um dos geóglifos que inclui uma figura animal e misteriosos traçados geométricos, descoberto e cotado em 1974 por Maria Raiche.

Fig. 152. Nazca, Peru. Um geóglifo de forma humana (cf. Orefici, 1993).

AS ORIGENS DA ARQUITECTURA

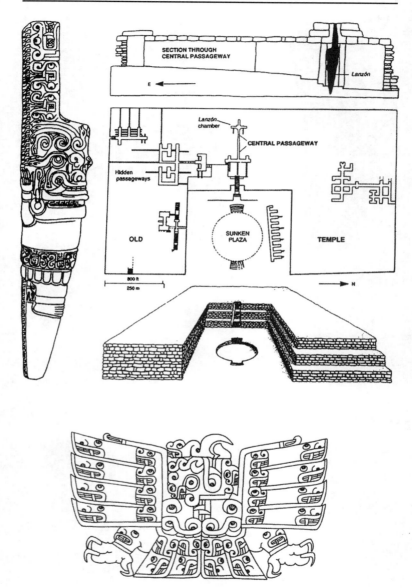

Fig. 153-155. O templo de Chavin, Peru. O *Lanzón* guardado no subterrâneo, o conjunto do templo, e uma das suas figuras ornamentais (cf. Moseley).

AS DIFERENÇAS DE TEMPO E DE LUGAR...

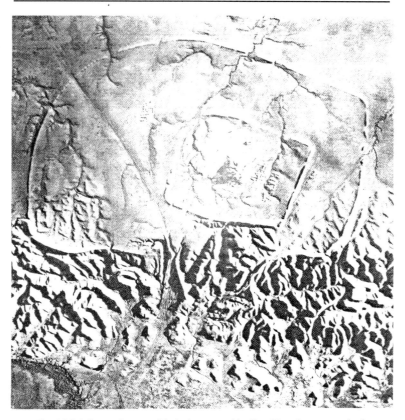

Fig. 156. A forma de uma cidade desaparecida, Dur Untash, emerge do deserto de Elam.

4

As saídas do Neolítico.
O nascimento da cidade e da história

O mundo neolítico apresenta-se, em muitos aspectos, como um ponto de chegada, caracterizado pelo equilíbrio entre os novos recursos da agricultura e da criação de gado, o consequente salto demográfico e o novo equipamento de utensílios, e que inclui a primeira domesticação do território, a partir do ambiente ilimitado que o precedia.

O fascínio deste período tem sido evocado muitas vezes pelos estudiosos modernos. «A quem lhe perguntava o porquê da sua vocação de antropólogo, Alfred Métraux respondia: – *A nostalgia do Neolítico* –. O Neolítico. Porquê? Naquela época – respondia, – *o homem já tinha reunido quase tudo do que necessitava. A única carência* – acrescentava com um sorriso – *era a arte dentária: – Se o neolítico tivesse conhecido a arte dentária, ficaria muito contente* –» (Ruggiero Romano, no prefácio à tradução italiana do livro de Métraux sobre os Incas).

No nosso campo, o Neolítico assinala o aparecimento da arquitectura: não como uma tentativa arcaica e imperfeita, mas como um empreendimento completo, que tentámos descrever no capítulo anterior. A sequência dos resultados obtidos, da grande à média escala, traduz-se num acontecimento nunca igualado em toda a história posterior, e inalcançável justamente na época presente, que se debate com uma tarefa análoga de controlo unitário do ambiente terrestre.

No entanto, o equilíbrio totalizante da paisagem neolítica encontra-se comprometido a curto prazo, na transição de uma sociedade

AS ORIGENS DA ARQUITECTURA

simples a outra mais complexa, que introduz alterações no anterior tecido de fixação permanente. Esse processo amadurece inicialmente no Próximo Oriente, entre o IV e o III milénios a.c., e leva à formação da *cidade*. Esse acontecimento, decisivo para a nossa civilização, repete-se nas outras partes do mundo, mas com algumas diferenças que é importante detectar e discutir. Por isso o título deste capítulo fala de «saídas» do Neolítico. Nesta altura formam--se as diferentes tradições de pelo menos quatro áreas tornadas independentes por obstáculos geográficos de grandes dimensões: o mundo mediterrâneo, a Índia e o Extremo Oriente, separados pelo sistema montanhoso dos Himalaias, e o mundo americano, rodeado por dois oceanos.

O historiador Mario Liverani (*Uruk, la prima cittá*, 1998) resume assim essa transição:

Uma das viragens mais significativas no curso da história humana é, sem dúvida, aquela fase de transição que transforma a sociedade de tipo pré-histórico em sociedade de tipo histórico em sentido pleno. Essa transição foi e é ainda denominada de modos diversos: «revolução urbana», por quem considera em primeiro lugar os aspectos relativos à fixação das populações; como saída do «estado arcaico», por quem dá mais importância aos aspectos sócio-políticos; «origem da complexidade», por quem privilegia a estrutura sócio-económica; e, ainda, «início da história» *apenas*, por aqueles que destacam o aparecimento da escrita como um acontecimento significativo do inteiro processo, e como instrumento inigualável de conhecimento da sociedade do passado [...]. São modos diferentes de aludir ao mesmo processo, variado e alastrante, que altera de alto a baixo a organização das sociedades humanas.

Na visão oitocentista de uma evolução unilinear procurava-se o berço originário da transição de um estádio de «barbárie» neolítica a um estádio de «civilização» histórica, de acordo com a terminologia de então. E esse berço originário, segundo as teorias e os conhecimentos da época, situava-se no Próximo Oriente: inicialmente no Egipto, depois na Mesopotâmia no seguimento das primeiras descobertas arquelógicas. Hoje, considera--se que a evolução foi policêntrica e que, seja como for, deve ser estudada enquanto tal, sem preconceitos classificativos. Considera-se que os «estádios» ocorreram nas diversas partes do mundo de acordo com ritmos e cronologias diferentes. Considera-se, por fim, que eventuais influências de um centro sobre outro não podem fazer com que seja negligenciado o factor proeminente, que é o desenvolvimento endógeno.

174

AS SAÍDAS DO NEOLÍTICO

Também no campo dos cenários arquitectónicos, os resultados constituem um panorama complexo e no entanto coerente, que confirma de novo a unidade e a pluralidade do património arquitectónico humano.

Deste ponto de vista, é importante avaliar o alcance da distinção entre o espaço limitado da cidade e o espaço ilimitado do território, que estimula uma intensificação das relações humanas e, consequentemente, a aceleração do curso da história, a que nos referimos com a palavra «civilização». Um instrumento essencial desta viragem é a escrita, que nasce juntamente com a cidade e permite a autodocumentação do novo curso.

O espaço da cidade é perceptível no seu conjunto, percorrível em pouco tempo, preenchido por construções e funções relacionadas entre si. A decisão inicial, que levou à captura deste espaço da paisagem natural e cultivada, e as alterações que se sucederam, dão ao espaço um carácter especial, durável no tempo e vinculatório para as posteriores intervenções à escala arquitectónica. A cidade tem um nome e uma identidade comparável à de uma personagem humana, mas muitíssimo mais estável, e torna-se um apoio essencial para o fluir das experiências individuais.

Neste sentido torna-se clara a analogia entre o cenário urbano e a escrita. A nova paisagem física, complexa e reduzida, presta-se a ser memorizada pelos cidadãos e passa a ser um instrumento de orientação no tempo. Contém a memória das alterações passadas e conserva para o futuro as alterações presentes. A escrita é, analogamente, um instrumento para alargar o diálogo entre as pessoas no espaço e no tempo: conserva aquilo que foi dito no passado e em outros lugares, e põe-no à disposição em qualquer tempo e lugar. Essas duas inovações abrem uma nova dimensão da experiência humana, que é considerada de imediato a mais conforme com a dignidade do homem. Cria-se uma segunda natureza, dotada de perfeição própria e inserida no universo natural com que chega a confrontar-se. Restringindo o campo dimensional da execução de projectos, torna-se possível criar um mundo artificial plenamente controlado, que mantém as distâncias em relação ao outro e pode ser aperfeiçoado com um ritmo próprio e mais veloz.

As duas inovações, cidade e escrita, surgem em zonas muito afastadas e em épocas distanciadas, apresentando várias modalidades mas sem dúvida independentes, como se emergissem de um impulso congénito da condição humana: o mesmo que torna

175

AS ORIGENS DA ARQUITECTURA

coerentes as fases descritas nos dois capítulos anteriores. É o que afirma Aristóteles na *Política* (1252-1253): «A cidade existe por natureza, já que por natureza existem as associações mais simples, porque é essa a aspiração final para que tendem todas as outras [...]. Quem não é capaz de participar na vida citadina, ou não tem necessidade disso, não pode sequer considerar-se propriamente um homem, mas antes um animal ou um deus».

Por outro lado, a cidade introduz uma rotura no ecuménico, a terra habitada, que perdura durante todo o período que se segue e se tornará problemática, como hoje constatamos.

O território neolítico habitado é um mundo unitário, onde as construções humanas de todos os géneros, distanciadas dos elementos naturais, encontram lugar livremente. A cidade, pelo contrário, torna-se, mais ou menos abertamente, um mundo à parte, tendencialmente completo dentro das suas medidas limitadas. Os edifícios que têm uma função relacionada com toda a cidade tornam-se edifícios especiais – monumentos – e surge o problema de os distinguir dos de uso normal acentuando-lhes as dimensões, a forma fora do comum e a ornamentação.

A cidade oferece a oportunidade de montar um cenário permanente de formas em relevo, que se converte no campo privilegiado da criatividade e da percepção visual. As perspectivas a curta e média distância adquirem importância relativamente às perspectivas a longa distância, e convidam ao acabamento das construções arquitectónicas com a modelação plástica e a coloração dos volumes (a escultura e a pintura passam a ser os complementos habituais da arquitectura). Abre-se assim, à actividade projectual humana, um novo território, intermédio entre a dimensão doméstica e o exterior ambiental, que será inteiramente explorado nos cinco milénios seguintes.

Do exterior, a cidade apresenta-se como um objecto unitário, colocado no cenário paisagístico ilimitado. Alguns volumes que sobressaem do conjunto urbano e são visíveis de longe – os zigurates mesopotâmicos, as colunas egípcias, e mais tarde as torres, os campanários, as cúpulas – adquirem um carácter emblemático de sinais representativos de toda a cidade.

Tudo isto produz um salto qualitativo na experiência arquitectónica que deve confrontar-se com as outras inovações da vida individual e colectiva, em particular com a escrita: dois instrumentos para nos orientarmos no espaço e no tempo, para conservar a me-

AS SAÍDAS DO NEOLÍTICO

mória do passado e para transmitir ao futuro a memória dos factos do presente. Instrumentos que abrem uma nova dimensão à experiência humana: o homem cria uma segunda natureza, dotada de um grau de perfeição e inserida no universo natural, com o qual chega a confrontar-se.

É preciso recordar, tomando as devidas distâncias dos nossos hábitos citadinos, o espanto e a emoção do nascimento desta realidade, que parece ser uma conquista absoluta, mais do que humana, e condiciona – para além das crenças religiosas e das fidelidades políticas – o funcionamento da nova sociedade complexa. Lemos, nas mais antigas inscrições sumerianas: «Depois do dilúvio, o reino foi mandado abaixo, lá do alto», e «Quando o reino celeste desceu sobre a terra, floresceu em Eridu».

Juntamente com a abertura ao futuro é conveniente ter em consideração, como sempre, o encerramento em relação ao passado, que é o preço da abertura, e que se conserva durante um longo período da história que se segue, até vir a colocar-se como problema na época recente.

A associação entre convivência urbana e escrita é útil também para avaliar correctamente a dialéctica, em ambos os campos, entre lucros e perdas. A passagem da linguagem falada à escrita foi estudada de maneira mais cuidada, e pode servir de exemplo para aquilo que acontece com a paisagem construída. Como se sabe, a linguagem precede em muito a escrita e, num primeiro tempo, a escrita está bem longe de representar toda a riqueza da língua falada. Conhecemos a epopeia babilónica de Gilgamesh através de documentos escritos, e se ela nos parece pobre em significados – observa Eric Havelock – é porque o instrumento gráfico não é adequado para representá-los, e, sem dúvida, empobrece um discurso oral esquecido (*A Musa aprende a escrever*, 1986). Na Grécia, após o desaparecimento da escrita micénica, os poemas homéricos foram compostos e transmitidos oralmente durante alguns séculos. Só quando foi introduzido o alfabeto fonético, capaz de registar todos os sons da língua falada, é que os dois poemas foram passados à escrita, e a continuidade desta aventura – única na história literária – explica a sua imensa vitalidade. A passagem da oralidade à escrita é tudo menos espontânea e imediata. Platão, que estabelece o primado da prosa como instrumento de reflexão racional, e por isso exclui da sua pedagogia a poesia de Homero, afirma ainda, em dois passos famosos (o mito da invenção da escrita no *Fedro* e o conto a respeito de Dionísio II na *Sétima carta*), a superioridade do discurso oral em relação à página escrita, que é imóvel, sempre igual e não responde às perguntas.

Em tempos mais recentes, é ilustrativa a transformação da língua inglesa depois da conquista normanda. Enquanto os conquistadores falavam e escreviam francês, a língua saxónica dos súbditos deixou de ser escrita durante quase três séculos. Nesse período absorveu da outra, selectivamente, uma parte do léxico especializado, e perdeu a antiga rigidez gramatical e sintáctica; assim adquiriu a riqueza e a maleabilidade que tornaram possível a poesia de Shakespeare, e no mundo contemporâneo é colocada no centro da comunicação internacional.

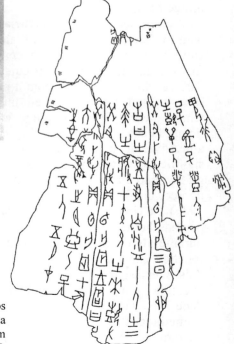

Fig. 157 e 158. Dois dos mais antigos exemplos de escrita, numa tabuinha sumeriana do III milénio a.C. e num osso oracular chinês do II milénio a.C.

AS SAÍDAS DO NEOLÍTICO

Tal como a língua falada precede e alimenta a língua escrita, também a experiência de adaptação ao território, já praticada há cinco milénios, é a premissa da encenação de um território artificial nos recintos urbanos, e permanece como o termo de comparação das suas posteriores transformações. A história linguística grega desenvolve-se ao mesmo tempo que nasce, na acidentada paisagem helénica, a constelação das cidades-estado independentes, e não há dúvida que esta experiência repetida de confronto com o território é um dos factores que permitiram aos Gregos renovar de modo tão radical a imagem mental e física da cidade. Mas na história posterior há ainda, pelo menos, um caso ilustrativo, comparável a este: a ruína generalizada das estruturas urbanas no Ocidente cristão, após o colapso do Império Romano, e a reocupação do território que é de novo denominado e organizado. As cidades renascerão do século XI d.C. em diante, mas com formas muito diferentes, baseadas numa nova capacidade de adaptação ao suporte topográfico, no enfraquecimento da antiga disciplina pública e na procura de um ponto imperfeito de equilíbrio entre iniciativas privadas e controlo colectivo: Pisa, Veneza, Siena, Bruges, Florença, dotadas de uma beleza diferente mas não inferior a Atenas e a Roma. Nas outras áreas geográficas, onde as contraposições nos parecem menos evidentes, a inovação urbana e a escrita interligam-se de modo diferente, e delas falaremos mais adiante, dentro dos seus contextos, sem usar as situações para nós mais frequentes como termos de comparação gerais.

Com base naquilo que foi dito, pode propor-se uma descrição geral da transição do cenário territorial para o cenário urbano, que dê conta tanto das conquistas como das renúncias. Havelock, comparando a oralidade e a escrita, põe em relevo a passagem de uma percepção acústica, sucessiva, emotivamente premente, a uma percepção óptica, global e «arquitectónica». O adjectivo não foi escolhido ao acaso. A percepção global do ambiente é a herança antiquíssima do confronto do homem com o território. A redução das dimensões do campo, facilitando o confronto comparativo das formas visíveis, oferece ao cidadão um recurso de longe mais eficaz e mais rapidamente perfectível. A arquitectura encarrega-se deste processo, descobre as suas regras e os seus limites, fazendo desaparecer o confronto intransponível com o cenário ilimitado, cujas técnicas se atrofiam lentamente. Aliás, o processo de evolução da paisagem delimitada não é linear, e vai contra as mudanças

AS ORIGENS DA ARQUITECTURA

radicais das regras e dos modelos, postos em circulação pela aceleração da vida urbana. A criação de novas regras comporta a junção dos dois campos, e uma reflexão renovada sobre a sua natureza comum. Como sucede outras vezes no curso da história, parece que as decisões principais, com as suas oportunidades e os seus riscos, se apresentam todas em conjunto, no momento do salto inicial. A acentuação qualitativa dos cenários urbanos põe em relevo as peculiaridades das tradições dos diversos grupos humanos, que são fixadas e se tornam exemplares. A palavra «classicismo», cunhada para o âmbito mediterrâneo, pode ser e algumas vezes foi alargada a outros âmbitos distantes no espaço, compreendidos numa faixa de tempo correspondente ou retardada de maneiras diversas. Se reflectirmos que a herança genética de cada grupo (menos de 100.000 anos, como se disse) tem uma espessura cronológica que não está muito longe da da história cultural posterior (5.000 ou 6.000 anos), pode considerar-se cada «classicismo» como sendo a organização de um património original, que vincula uma boa parte do futuro, e incide sobre a enorme variedade dos cenários realizados nas épocas posteriores.

Distinguiremos cinco grupos de experiências, colocadas nos extremos da Eurásia, no enclave indiano intermédio e no continente americano.

O mundo mediterrâneo

As civizações urbanas que se formam no «crescente fértil» são as mais antigas em absoluto e as que são estudadas há mais tempo. As primeiras cidades de extensão considerável – acima dos 100 hectares –, os primeiros edifícios colectivos conscientemente diferenciados das habitações particulares e as primeiras inscrições pictográficas aparecem no sul da Mesopotâmia no decurso do IV milénio a.c., e, pouco depois, na Síria e no Egipto. A partir do início do III milénio a.c. existe documentação escrita regular, que nos permite conhecer as cidades-estado sumerianas e as capitais dos primeiros impérios, não só através da evidência arqueológica, mas também pelas palavras dos seus habitantes. O território circundante é, predominantemente, árido e montanhoso. As cidades desenvolvem-se ao longo dos cursos dos rios, nos oásis

AS SAÍDAS DO NEOLÍTICO

onde o trabalho humano põe ordem no emaranhado dos ambientes húmidos e obtém rendimentos agrícolas excepcionalmente elevados. A proximidade das zonas desenvolvidas e o acesso aos mares – que se tornam navegáveis a partir do III milénio a.c. – faz surgir uma rede de trocas comerciais que imprime um carácter notável a algumas cidades importantes. Cada zona é entendida como uma paisagem limitada, mas as noites serenas põem em evidência a regularidade dos movimentos celestes, e fazem nascer uma referência directa entre as paisagens terrestres e o espaço cósmico circundante.

Os tecidos urbanos, compactos e muitas vezes recintados, comportam a miniaturização das residências, dotadas de um espaço próprio aberto, mas delimitadas por paredes cegas para poderem encostar-se umas às outras formando mosaicos compactos, excepto as passagens necessárias para permitirem os acessos. Os edifícios mais importantes, destinados às funções públicas, são quase sempre ampliações do mesmo modelo; constituem excepções as construções destinadas às relações com o espaço cósmico, que tendem a desenvolver-se na terceira dimensão e se tornam elementos característicos do conjunto urbano.

Na Mesopotâmia faltam os materiais de construção mais seguros, a pedra e a madeira, e usa-se universalmente, há vários milénios, o tijolo cru obtido na planície aluvial. As escavações arqueológicas revelaram a gama de invenções levadas a cabo para obter, de um material tão pobre, a riqueza dos efeitos necessários para caracterizar as construções mais representativas e a difusão destes modelos numa vasta área circundante. Mas, pouco mais tarde, encontra-se no Egipto uma radicalização do processo construtivo que, pela sua coerência e novidade, condiciona, de modo definitivo, a cultura arquitectónica ocidental.

Podemos apenas imaginar de maneira imperfeita as cidades da Mesopotâmia e do Egipto, desfeitas pelo tempo ou sepultadas pelos aluviões. No Egipto, porém, foi libertado da areia o grande recinto funerário de Sakkara, que imobiliza eternamente uma paisagem urbana complexa, como moldura do sepulcro do faraó Zoser, da terceira dinastia (primeira metade do III milénio a.C.). O repertório figurativo já usado para ornamentar as paredes exteriores dos túmulos reais mais antigos, e, ainda antes, os templos sumerianos, é aqui usado para decorar uma construção absolutamente nova.

AS ORIGENS DA ARQUITECTURA

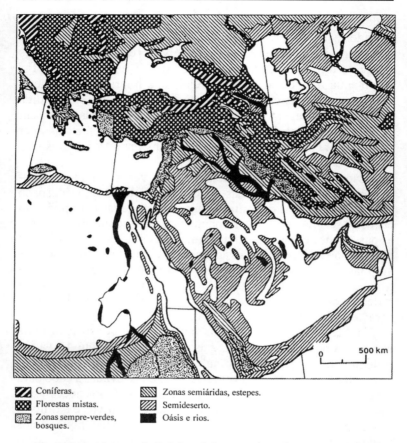

▨ Coníferas.
▩ Florestas mistas.
▦ Zonas sempre-verdes, bosques.
▧ Zonas semiáridas, estepes.
▨ Semideserto.
■ Oásis e rios.

Fig. 159. A paisagem do Próximo Oriente, onde se formaram as primeiras cidades, nos oásis ao longo dos cursos dos rios.

Um recinto rectangular de muralhas, com 280 x 550 metros, é modelado na parte exterior com uma sequência rítmica de saliências e reentrâncias que emolduram 14 portas muradas idênticas. Uma, aparentemente igual às outras, é uma porta verdadeira e dá entrada para uma galeria coberta, onde as paredes e a cobertura projectam uma série de sombras e de luzes, que produzem um efeito de alienação no visitante que a atravessa. À saída da galeria o visitante é introduzido num vasto ambiente aberto, animado por uma série de episódios arquitectónicos de espantosa variedade e elegância,

AS SAÍDAS DO NEOLÍTICO

Fig. 160 161 *a-b*. Uruk, Iraque. As ruínas, que cobrem uma área de cerca de 700 hectares, e dois arranjos posteriores da zona sagrada de Eanna (níveis IV A e IV B).

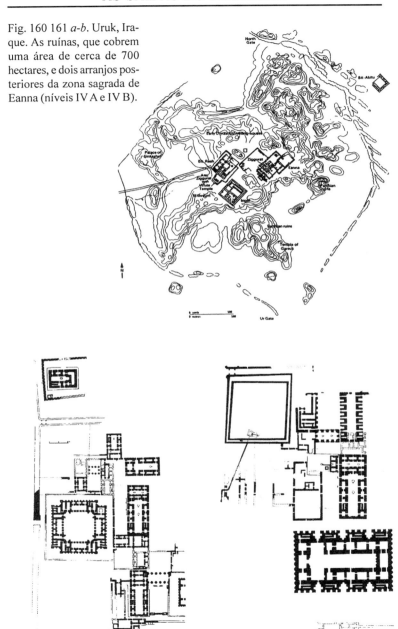

AS ORIGENS DA ARQUITECTURA

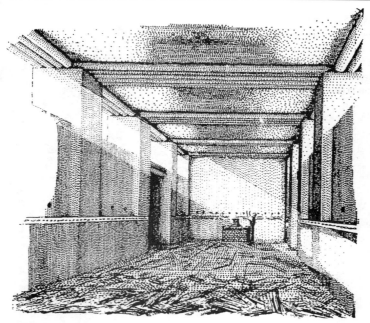

Fig. 162. Tell Brak. Santuário escavado por Mallowan em 1938. Na Mesopotâmia, a monumentalidade dos edifícios principais, religiosos e civis, é procurada, a princípio, por meios inadequados, entre os quais os revestimentos vistosos das paredes e dos pavimentos (mosaicos, embutidos, placas de cobre e de ouro).

que imitam, com materiais duráveis, pedras e cerâmica, as estruturas perecíveis da cidade dos vivos. Numa posição descentrada encontra-se a pirâmide escalonada, que da parte de dentro se assemelha aos outros volumes construídos e da parte de fora sobressai acima do perímetro das muralhas. A estátua do faraó está encerrada numa sepultura completamente fechada, salvo uma pequena abertura, à altura dos olhos, que serve para a estátua olhar para fora, e não para quem está fora olhar para dentro.

O espaço interior é, por si só, um mundo, inteiramente inventado e suficientemente grande para se poder comparar ao mundo circundante, e a ligação entre os dois âmbitos é adequadamente dramatizada para marcar uma diferença absoluta. A «porta», que mais tarde é um utensílio tão comum, aqui torna-se um acesso encantado, tão especial que não é assinalado, devendo ser encontrado

AS SAÍDAS DO NEOLÍTICO

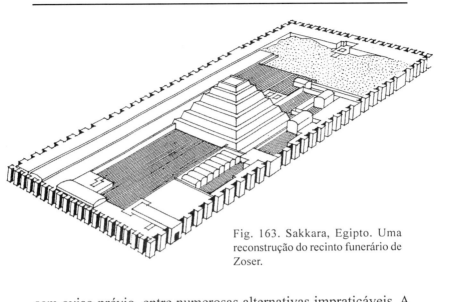

Fig. 163. Sakkara, Egipto. Uma reconstrução do recinto funerário de Zoser.

sem aviso prévio, entre numerosas alternativas impraticáveis. A entrada para a nova paisagem é preparada por uma experiência rítmica, que faz com que se repita muitas vezes o acto de transpor um par de estípidas (mais tarde, este dispositivo é reproduzido em baixo-relevo nas portas tumulares falsas, «falsas» porque representam a comunicação com o mundo desconhecido do além).

No espaço interior a percepção de cada objecto é calculada com extremo rigor, e torna possível o acabamento das formas construídas até torná-las semelhantes ao seu fabricante humano. Os elementos arquitectónicos são polidos como esculturas, e evocam toda uma série de elementos naturais e artificiais. Os «capitéis» reproduzem formas vegetais, que dissimulam com a sua fragilidade a carga dos «entablamentos». Nas escadas, o degrau mais baixo, que toca o terreno, tem a forma de uma almofada intumescida, que glosa o apoio da obra artificial no solo indiferenciado.

Desta obra sabemos o nome do arquitecto, Imhotep, que no seu tempo foi venerado e divinizado. Talvez este feito extraordinário (nem mais nem menos do que a arquitectura, como desde então a conhecemos) seja uma invenção pessoal de um artista de excepção, que depois toda a colectividade reconheceu como sua.

Estão aqui plenamente realizados, ao máximo nível qualitativo, as duas características principais da arquitectura ocidental:

AS ORIGENS DA ARQUITECTURA

Fig. 164-166. Sakkara, Egipto. Três imagens do recinto de Zoser: o exterior da porta de entrada, o corredor que se segue e uma vista das elegantíssimas arquitecturas interiores (ao fundo, a pirâmide escalonada, visível também do exterior).

AS SAÍDAS DO NEOLÍTICO

– o processo da criação à escala urbana, isto é, num cenário protegido, visível a média e a curta distância, que continua a ser válido até Le Corbusier: «*le jeu savant, correcte et magnifique des formes sous la lumière*»;
– o método para conferir um carácter «monumental» a algumas obras mais importantes: a representação de segundo grau, com outros materiais mais vistosos e duráveis, e muitas vezes numa escala maior, das estruturas arquitectónicas correntes.

O primeiro princípio comporta a criação de uma paisagem artificial, num recinto protegido explorável a curta e a média distância, sobre o qual se possa exercer um controlo intelectual total, como nas representações bidimensionais do mundo já usadas havia alguns milhares de anos. Este processo aparenta a arquitectura com a pintura, e atribui à pintura uma tutela sobre a arquitectura, que durou até uma época recente.

O segundo princípio, por sua vez, estabelece uma relação entre a arquitectura e a escultura, e é válido também para a re-

AS ORIGENS DA ARQUITECTURA

presentação da figura humana através da estátua, isolada na sua consistência volumétrica e tornada monumental, por seu lado, pela mudança de escala e de material (um edifício monumental pode considerar-se a estátua de um edifício comum). A figura humana passa a ser, de aqui para a frente, o tema principal da arte figurativa ocidental, e a medida constante de todo o cenário construído. A qualidade elevadíssima das primeiras estátuas egípcias – que nada têm de primitivo, parecendo ser a resposta imprevista a uma expectativa longamente amadurecida – faz delas modelos obrigatórios ao longo de todo o período de produção artística que se desenrola nos vinte séculos seguintes. Existe, sem dúvida, uma relação com os ritos fúnebres, que tendem igualmente a derrotar a morte. A duração eterna, que não pode ser garantida aos corpos dos mortos, pode ser dada às formas do passado através do intelecto humano, e acolhidas por sua vez num mundo reduzido à medida humana, que proporciona um cenário estável e um apoio ilimitado às experiências individuais, limitadas no tempo.

A relação com a paisagem infinita, recebida da herança neolítica, torna-se agora um confronto arriscado e importante. Uma construção isolada na paisagem tem de ser consolidada e ampliada para aguentar, de qualquer maneira, um paralelo que se tornou excepcional. As pirâmides do reino antigo, com as suas dimensões mais igualadas, dominam o duplo cenário do deserto e do vale do Nilo. As estátuas de Abu Simbel, mil anos depois, são réplicas da efígie real, ampliada em proporção com o dramático cenário nubiano. Do santuário solar de Dashur provêm os numerosos obeliscos monolíticos, ampliados até ao limite das possibilidades construtivas, que se destacam com a sua forma reconhecível em numerosos contextos.

O princípio do recinto, que protege o homem e os seus utensílios do perigoso espaço aberto, domina durante muito tempo, a todos os níveis, a estrutura dos aldeamentos. O templo egípcio, com a sua montagem de invólucros murários, reproduz os múltiplos sarcófagos que envolvem o corpo dos faraós defuntos. Só na obscuridade da câmara interior, muitas vezes isolada do mundo, é possível dar ao deus ou ao cadáver o devido isolamento. A cidade desempenha as mesmas funções, em menor grau, para toda a colectividade. Não conhecemos a forma das grandes cidades egípcias, que funcionaram graças aos diques contra as inundações periódicas do Nilo, e hoje jazem sob os imensos sedimentos depositados pelo rio;

AS SAÍDAS DO NEOLÍTICO

Fig. 167 e 168. Estátuas dos cônjuges Sepa e Neset, em calcário pintado (III dinastia).

todavia, o nome de Mênfis, a capital mais antiga, está associado ao «muro», que exprime a sua razão de ser.

O Egipto é rico em pedra de alisar, instrumentos indispensáveis para esta arquitectura que aspira à longa duração e à modelação fina, em competição com o corpo humano. A história geológica do Mar Mediterrâneo – resultante de um oceano que foi reduzido, a antiga Tétides, e rodeado por sedimentos marinhos elevados em forma de montanha – dotou toda a sua bacia de excelentes pedras

AS ORIGENS DA ARQUITECTURA

para modelar, que caracterizam em toda a parte o cenário construído pelo homem.

Nos primeiros três quartos do II milénio a.C. as ligações marítimas que unificam o espaço mediterrâneo permitem um amplo confronto de muitas tradições locais. As cidades dos dominadores guerreiros assírios, hititas, sírios, e os empórios comerciais fenícios e cretenses retiram do mesmo princípio uma vasta gama de variações. Este processo é interrompido pelas perturbações ocorridas no último quarto do II e nos primeiros séculos do I milénios, que isolam novamente cada uma das áreas culturais. Numa delas, a Grécia, todo o património cultural é reinventado de maneira tão radical que se converte num novo início, e muda para sempre a história da civilização ocidental.

A refundação da civilização urbana ocidental na Grécia

Na Grécia, a combinação de várias circunstâncias – a perda dos sistemas de escrita antigos e o intervalo da civilização oral, que torna decisiva a função da memória e das suas técnicas, a descoberta do alfabeto fonético, que permite transferir para a escrita toda a riqueza semântica da linguagem oral, a multiplicação e a pequenez das entidades políticas autónomas, as mil e quinhentas

Fig. 169. As pirâmides de Gizé, Egipto (IV dinastia).

AS SAÍDAS DO NEOLÍTICO

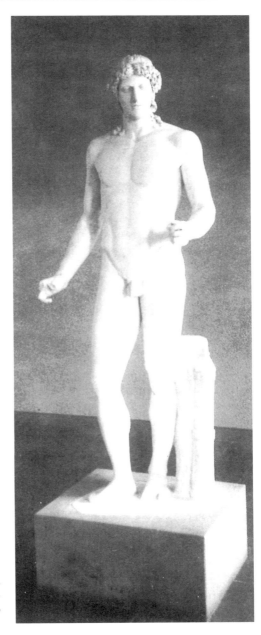

Fig. 170. Kassel, Alemanha. Uma cópia romana do Apolo Parnópios de Fídias, em tempos colocado na Acrópole de Atenas.

AS ORIGENS DA ARQUITECTURA

cidades-estado, abertas contudo ao mar e aos países distantes, o confronto e a selecção das experiências, cultivadas num espaço limitado – põe em acção um debate intelectual a partir do qual todas as experiências, entre as quais o estudo projectual do cenário físico, são profundamente alteradas. A nós, basta indicar o resultado visível deste acontecimento. Mesmo quando a cidade é rodeada por uma cerca de muralhas por motivos de defesa, o princípio do recinto é abandonado como modelo das instalações abertas e dos edifícios, e toda a gama dos elementos arquitectónicos é apresentada simultaneamente, na pluralidade das vistas de média e de curta distâncias. O cenário urbano volta a integrar-se no suporte natural, e distingue-se deste pelo seu carácter ordenado, que se contrapõe à desordem circundante.

Num ambiente deste género, onde é sempre possível a autonomia de cada construção, as esculturas abandonam as convenções arquitectónicas em que, por tradição, eram aprisionadas, e adquirem uma nova agilidade, que permite exprimir toda a gama dos comportamentos e dos sentimentos humanos. A partir de um certo momento, servindo os objectivos da percepção global, a pintura – completamente perdida para nós – exerce um controlo normativo sobre todo o cenário tridimensional, incluindo a escultura e a arquitectura. Não podemos imaginar as obras de Polignoto, Zêuxis, Parrásio, e muito menos deduzi-las a partir das representações que temos, as pinturas em vasos; podemos, no entanto, registar os seus efeitos sobre o cenário construído e esculpido. A partir da primeira metade do século V a.C., os objectos artificiais de qualquer tipo podem ser associados livremente em sequências indefinidas. Fídias, que superintende como árbitro geral a todo o programa de Péricles para a renovação de Atenas, estreia-se como pintor. O friso do Pártenon, que rodeia a parte superior da parede interna, é um filme ininterrupto com quase 300 metros de comprimento, em que todas as formas fluem livremente, e até o fundo é ondulado.

No campo visual dá-se a mesma revolução expressiva que está em curso na literatura, onde o alfabeto, com os caracteres correspondentes a todos os sons da língua falada, vogais e consoantes, capta toda a riqueza da poesia composta e transmitida por via mnemónica, e oferece o instrumento para a reflexão filosófica e científica: outro processo único, do qual procede todo o edifício da cultura ocidental.

AS SAÍDAS DO NEOLÍTICO

Por esta via, a individualidade da paisagem urbana, formada por um conjunto limitado de formas tridimensionais, pode ser inteiramente traduzida em termos qualitativos, e surge a meta ideal que é própria, depois, da tradição arquitectónica ocidental: a qualificação monumental de toda uma cidade. Mas na Grécia o controlo intelectual nunca é levado para além de um certo signo, relacionado com a própria natureza da intervenção humana. A fronteira entre ordem e desordem, entre um mundo de regras intelectuais e a irracionalidade que o ameaça do exterior, sentida de maneira trágica no pensamento grego, tem de ser cuidadosamente estabelecida. O último dos limiares projectáveis é precisamente a cidade, que «deve conservar uma certa medida, como todas as coisas deste mundo» (Aristóteles).

Este objectivo comporta a codificação de alguns níveis projectuais:

— os elementos da construção (colunas, entablamentos, tímpanos, coberturas), que correspondem a um número limitado de variantes

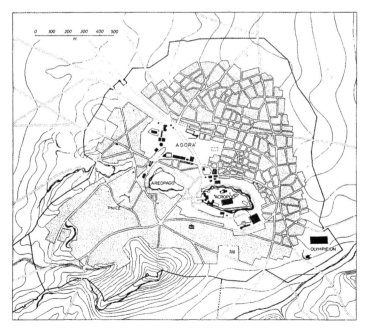

Fig. 171-173. Atenas. Planta da cidade e duas imagens da Acrópole.

AS ORIGENS DA ARQUITECTURA

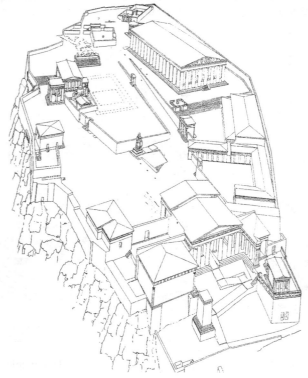

AS SAÍDAS DO NEOLÍTICO

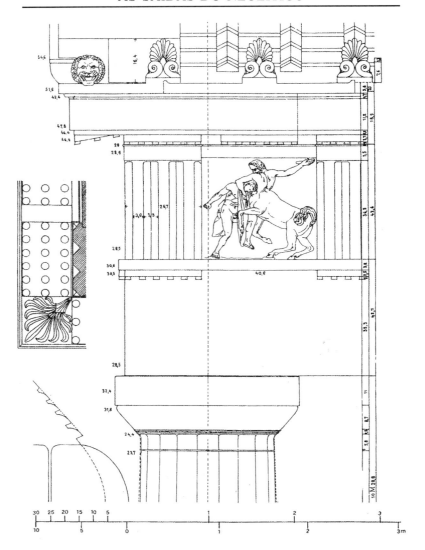

Fig. 174 e 175. Atenas. Pormenores da ordem arquitectónica do Pártenon, descobertos e cotados no século XIX.

AS ORIGENS DA ARQUITECTURA

estilísticas tradicionais (as ordens arquitectónicas: dórico, jónico, coríntio) associadas às qualificações determinantes no campo literário, musical, etc.;

– os edifícios destinados a algumas funções recorrentes (templos com a sua variedade de pórticos exteriores – perípteros, semiperípteros, *in antis* – teatros, odeões, buleutérions, tolos, estádios, etc.), suficientemente caracterizados para que o fim a que se destinam seja reconhecível.

Garantida deste modo a familiaridade com as formas memorizadas, o estudo projectual e a atenção do espectador são canalizados para:

– a avaliação das diferenças entre os modelos dos elementos normalizados e as suas realizações concretas, isto é, a apreciação minuciosa das pequenas diferenças, observadas a curta distância, que inclui também os complementos decorativos esculpidos e pintados;

– a montagem dos elementos para formar os organismos arquitectónicos, mais ou menos conformes com os modelos habituais;

– a montagem dos edifícios e das obras acessórias para formar o cenário urbano global.

(Este procedimento conduz a uma montagem dos contributos humanos que eleva o nível qualitativo alcançável por um único operador, e age deste modo, irresistivelmente, em toda a história que se segue. Bastou que Filippo Brunelleschi, sozinho, a propusesse de novo no início do século XV d.C., para suplantar gradualmente todo o repertório medieval, prolongando-a até ao limiar da era industrial.)

Entre os extremos daquela gama abre-se um campo vastíssimo de experiências visuais, no qual se exercita a sensibilidade visual dos Gregos. Variedade e uniformidade, regularidade e anomalia compensam-se no cenário urbano e oferecem um suporte adequado à «política» de uma comunidade auto-suficiente. A cidade física é enobrecida – definitivamente – com o dever de se manter à altura deste ideal de convivência colectiva.

Entre os séculos VIII e IV, enquanto perdura a independência da cidade-estado, os cenários arquitectados são depostos no suporte natural respeitando com rigor o limite, e superam-no por via rigorosamente qualitativa, sem competir com a sua escala, como a Acrópole de Atenas, visível de qualquer ponto do vale que a cerca e também pelos que navegam no Golfo Sarónico.

AS SAÍDAS DO NEOLÍTICO

No século IV surge a primeira proposta de alargar a regularidade geométrica a toda uma cidade, que os autores contemporâneos atribuem a Hipodamo de Mileto, e que servirá para designar, em diversos países, as grandes capitais do mundo helenístico: Alexandria, Antióquia, Selêucia. Desde então, as povoações diferenciam-se numa variedade imensa, que compreende uma montanha habitada como Pérgamo, e até, a 2.150 metros de altura, o cimo de uma montanha coberto de neve, adaptado a sepulcro monumental dos Commageni, o Nemrud Dag (fig. 179), que quase se liga à tradição neolítica.

Os Romanos, que herdam e organizam a cultura grega, têm os meios e a firmeza necessários para forçar a escala das construções humanas, chegando a apossar-se de porções inteiras de paisagem e a competir com a escala da natureza. É o momento em que diminui o contraste entre o cenário projectado e o cenário natural, e em que se apresenta a rede das grandes obras públicas, como disse Goethe, como «uma segunda natureza, que opera para fins colectivos».

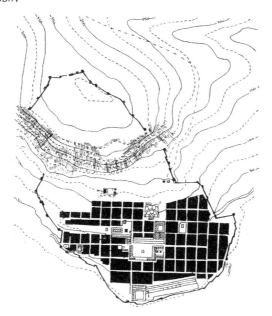

Fig. 176-178. Priene (*em cima*) e Pérgamo (*na página seguinte*). Duas cidades helenísticas inseridas em paisagens montanhosas.

AS ORIGENS DA ARQUITECTURA

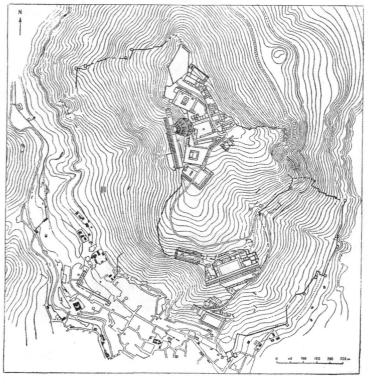

AS SAÍDAS DO NEOLÍTICO

Fig. 179 e 180. O sepulcrário dos Commageni, no cume do monte Nemrud Dag, Turquia (século I a.c.). O cume foi ordenado como um túmulo erguido na paisagem montanhosa.

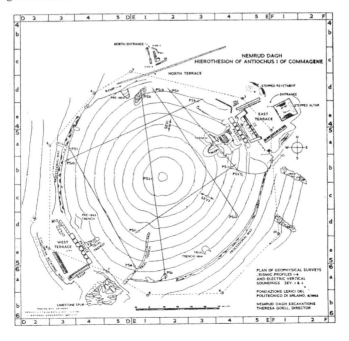

AS ORIGENS DA ARQUITECTURA

Na Idade Média europeia a escala dos projectos arquitectónicos é de novo limitada pela exiguidade dos recursos. O desafio recomeça no Renascimento, quando se tenta aumentar o tamanho das instalações perspécticas até aos limites das possibilidades perceptivas. Mas, justamente pelas implicações intelectuais que lhe subjazem, este alargamento assume sempre, na tradição ocidental, um carácter dramático. Projectar em grande significa desafiar o mistério e os perigos de um mundo desconhecido, o qual se duvida que seja compatível com as exigências humanas. A grande dimensão tem as características de uma fronteira, de que nos aproximamos com emoção ou nos afastamos por prudência. Só na época científica volta a ser possível considerar de maneira objectiva o espaço terrestre, todo ele completamente acessível aos projectos do homem e dependente da sua intervenção.

Devido à sua posição intelectual, o património grego é o primeiro a superar uma posição étnica, e adquire o carácter de um modelo universal. A qualidade contagiosa do repertório helénico, a partir do século IV a.c., actua sobre um espaço vastíssimo, do Mediterrâneo à Índia, e influencia todas as evoluções que se sucedem. A qualidade da arte figurativa helénica enraíza-se inevitavelmente em qualquer lugar para onde seja importada (a iconografia do budismo indiano só começa a tomar forma alguns séculos depois do início do movimento religioso, após a brecha aberta por Alexandre; talvez o sorriso misterioso das imagens de Buda, copiadas em toda a zona asiática, nos traga um vislumbre da imagem fidiesca desaparecida de Zeus Olímpico, a nós que estamos todos sujeitos ao antigo dito que considerava uma infelicidade morrer sem a ter visto).

A demonstração dos recursos da codificação dos níveis projectuais, de que já falámos, uma vez feita não mais será esquecida, e agirá como estímulo em toda a aventura cultural posterior: na época romana, na formação de um repertório universal que se estende ao mundo civilizado, e dez séculos mais tarde, quando do «renascimento» daquela linguagem, que os conquistadores europeus divulgarão nos dois hemisférios.

A Índia e a ideia do «mandala»

A Índia está no horizonte do mundo mediterrâneo de que falámos antes. É directamente envolvida nas suas vicissitudes a

AS SAÍDAS DO NEOLÍTICO

partir das conquistas do Império Persa e de Alexandre. No período que se segue influencia, com as suas experiências religiosas, todo o mundo que se situa mais a este, com o qual mantém uma relação durável apesar da dificuldade de comunicações. A pesquisa arqueológica no local revela um passado de complexidade dramática: a misteriosa civilização do vale do Indo, o seu desaparecimento após a invasão ariana; a impossibilidade da unificação política num território demasiado vasto; a mistura das tradições – entre as quais o islão, importado entre os séculos XII e XVI – que ainda caracterizam o enorme país.
Pode reflectir-se sobre o paralelismo entre o suporte geológico e o posterior destino histórico. O torrão indiano vindo do hemisfério austral, que colidiu com a Ásia há cerca de vinte milhões de anos, provocando a elevação dos Himalaias, parece destinado a permanecer cravado no continente eurasiático, com uma fisionomia geo-

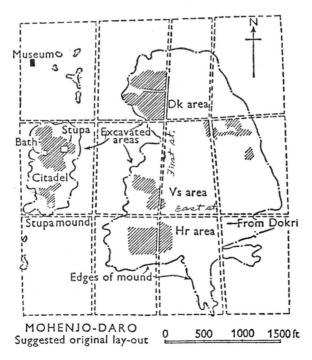

Fig. 181. Uma reconstituição do tabuleiro de xadrez urbano de Mohenio Daro, Paquistão, segundo Piggott.

AS ORIGENS DA ARQUITECTURA

gráfica e cultural própria, a meio caminho entre as duas grandes áreas civilizadas do Mediterrâneo e do Extremo Oriente. A elevação recente do sistema montanhoso dos Himalaias, no centro da Ásia, por um lado obstacula as comunicações entre os dois extremos da Eurásia, isolando simultaneamente as duas civilizações, e por outro protege a individualidade do subcontinente indiano, com as suas tradições duradouras.

A civilização urbana do vale do Indo, que floresceu no III milénio a.C. e é em muitos aspectos análoga às civilizações do crescente fértil, desaparece em meados do II milénio. A sua escrita resiste até agora às tentativas de decifração – verificam-se algumas analogias com as línguas dravídicas que sobreviveram no sul da Índia – e a documentação arqueológica permite que subsistam muitas incertezas. Trata-se de uma civilização unitária, que se difundiu, sem diferenças apreciáveis, numa zona vastíssima percorrida pelo Indo e pelos seus afluentes. Foi identificada uma centena de pequenas cidades, e duas muito maiores das quais se desconhecem os nomes (actualmente são Mohanjo-Daro e Harappa), distantes entre si cerca de 600 quilómetros, que em tempos se contaram entre as maiores cidades do mundo, e que têm uma série de características excepcionais: obedecem a um desenho geométrico regular, uma grelha ortogonal ou deformada em paralelograma, motivada por factores técnicos como a insolação, os ventos e o clima; possuem um sistema aperfeiçoado de abastecimento hídrico, esgotos, diques contra as inundações; são construídas, predominantemente, com tijolos cozidos, que compõem paredes em bruto, sem adornos nem acabamentos complicados; têm uma cidadela alta e fortificada, onde no entanto não foram localizados os templos e os palácios habituais, mas muitos tipos de edifícios colectivos: termas, armazéns, salas de reuniões; no resto da povoação as casas espaçosas e bem apetrechadas fazem pensar numa classe média abastada, colectivamente interessada na gestão urbana; as obras de arte figurativas – estatuetas, sinetes e alguns outros objectos – são, porém, de modesta qualidade; o interesse projectual contempla mais a forma global da cidade, em grande escala.

AS SAÍDAS DO NEOLÍTICO

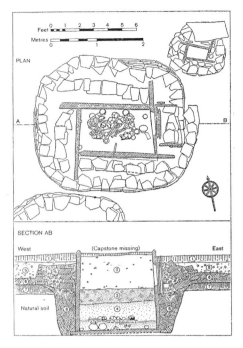

Fig. 182. Planta e secção de um túmulo ariano em Brahmagiri, Índia, cf. Wheeler. Até um edifício deste género se subordina a um modelo ritual.

Porque desaparece esta civilização empírica e esmerada? Pensou-se numa crise ecológica devida à desarborização do território ou à invasão dos povos arianos que descem do Norte no mesmo período (mas não existem testemunhos de combates). Estes povos, seminómadas e que só gradualmente se fixam no território, trazem consigo um armamento superior (carros, cavalos, ferro) e uma cultura baseada nos poemas védicos transmitidos oralmente, que tem uma forte orientação metafísica, contrastante com a tendência racional da civilização do Indo. Nos poemas védicos, compostos entre 1.500 e 800 a.c., existem algumas descrições de cidades imaginárias. Ayodhya, residência de Rama no *Ramayana*, mede 12 milhas por três, é cercada por um fosso e por uma muralha com torres e portas, possui estradas e praças com lojas de todos os géneros e é rodeada por jardins. Nos textos sagrados budistas

AS ORIGENS DA ARQUITECTURA

e jainistas posteriores repetem-se as mesmas características, que se tornam rituais e não têm correspondência com a realidade. Talvez a literatura ariana conserve a lembrança das cidades anteriores destruídas, associadas ao mito do deus Indra, «destruidor de cidades», enquanto a população resultante do encontro entre os Arianos e os Drávidas se fixa gradualmente nas aldeias, esquece a arte de esculpir a pedra e de construir grandes edifícios, e desenvolve uma nova tradição arquitectónica baseada na madeira. Neste período, entre o II e o I milénios a.C., forma-se a rede das 600.000 aldeias que continuam a ser a forma principal de povoamento no subcontinente indiano. Os tratados de arquitectura posteriores, *Vastu-Shastra*, descrevem as suas características, que reproduzem o acampamento entrincheirado ariano do período precedente: a forma quadrangular, a presença de quatro portas voltadas para os pontos cardeais, um percurso circular no interior das muralhas. É difícil encontrá-las nos exemplos existentes no terreno, e os próprios tratados complicam a pluralidade das formas, incluindo uma série infinita de variações. Na verdade, o modelo conceptual é ancorado na esfera metafísica, e baseia-se numa acção que desce do céu e que imprime uma ordem específica na terra. As antigas escrituras religiosas fazem descrições como esta:

Na noite dos tempos havia algo existente não definido por um nome, desconhecido na sua forma. Bloqueava o céu e a terra. Quando os deuses o viram, agarraram-no e esmagaram-no contra o solo com o rosto para baixo. Tal como o lançaram à terra, assim os deuses o mantêm. Brahma permitiu que os deuses o possuíssem e chamou-lhe Vastu-Purusha.

Mandala significa forma, e *Vastu-Purusha-Mandala* é a forma permanente, imposta a uma realidade que se supõe instável e relutante. O conceito assim definido abrange qualquer género de objecto – do refúgio do eremita ao templo, à cidade, ao território – que se reconhece sujeito à lei celeste. No que se refere a esta dependência, a multiplicidade das formas concretas nunca é rarefeita nem normalizada. As mais antigas cidades indo-arianas do I milénio a.C., no vale do Ganges, parecem desprovidas de geometria, e dos edifícios em madeira restam vestígios muitas vezes indecifráveis.

AS SAÍDAS DO NEOLÍTICO

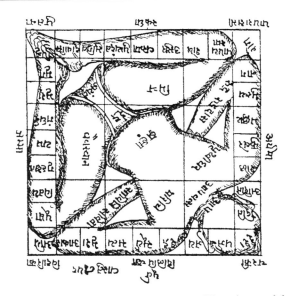

Fig. 183. Uma das numerosas representações gráficas do *mandala*, modelo cósmico de todas as povoações humanas.

O último contributo determinante que completa a síntese cultural indiana é a cultura visual helenística, introduzida pela expedição de Alexandre Magno no século IV a.C. A sua qualidade contagiosa produz uma impressão duradoura. Só então, com a disciplina plástica vinda do ocidente, se definem os repertórios figurativos do hinduísmo e do budismo, que depois os missionários hindus e budistas difundirão em grande parte da Ásia: as figuras canónicas das divindades e os modelos do templo, o lugar onde a virtude formadora vinda do céu desce sobre a terra e imprime uma cicatriz sobre a sua superfície.

Nas cidades indianas, a disparidade das componentes culturais impede que se atinja uma homogeneidade global. O templo é um edifício auto-suficiente, que contém o traçado do eixo celeste, e em redor deste organiza um conjunto de formas fortemente evidenciadas, que é a realização demonstrativa do *Vastu-Purusha--Mandala* (fig. 183). Devendo contrapor-se ao universo celeste infinito, este mundo tende a condensar uma multiplicidade quase infinita de pormenores, a que as regras escritas e orais, multiplicando as possibilidades variantes, não põem qualquer limite. A qualidade

AS ORIGENS DA ARQUITECTURA

arquitectónica apoia-se no virtuosismo e na audácia com que projectistas e executores enfrentam esta tarefa sobre-humana. O eixo vertical complica-se, gerando uma hierarquia de eixos principais e secundários, que muitas vezes se interpenetram numa tentativa de aceleração visual. A referência sobrenatural conduz também a uma inversão das práticas construtivas habituais. Numerosos templos, a partir dos primeiros séculos d.c., são construídos «por extracção», como esculturas, de cima para baixo (fig. 190-191).

Fig. 184-186. Três vistas da paisagem dos Himalaias, com o lago Manasarovar e o monte Kailasa, considerado na Índia como o modelo terrestre do templo.

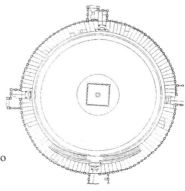

Fig. 187 e 188. Vista e planta do templo de Sanchi, na Índia (século I a.C.).

AS ORIGENS DA ARQUITECTURA

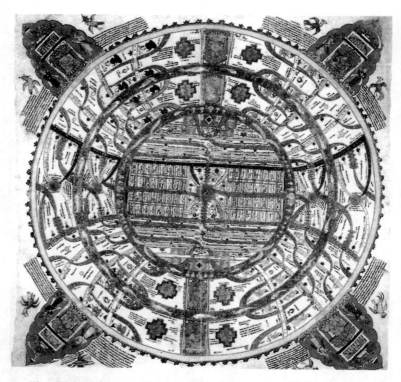

Fig. 189. Uma imagem do mundo habitado, segundo os jainistas (tela pintada do século XVIII).

O gosto pela hipérbole conduz à exibição de todo o tipo de *performance*, como o monólito de 80 toneladas erguido no topo do templo-torre de Tanjore.

Depois do século III d.C., a queda do Império Romano põe fim, por um longo período, às relações com o Ocidente, enquanto a reorganização precoce do mundo oriental permite à civilização indiana, daquele lado, uma ampla difusão geográfica, baseada na instância metafísica, que em muitos casos está em falta nas civilizações asiáticas. A tradição arquitectónica indiana continua a desenvolver-se de modo unitário sob o domínio dos principados que partilham o imenso território, e adquire as características de um classicismo amplamente articulado, que se propaga a Ceilão, à Birmânia, à Indochina, à Indonésia: o bloco variegado a que os

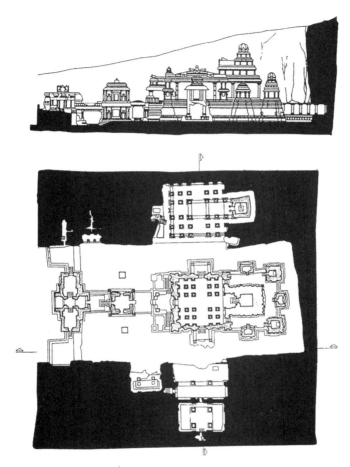

Fig. 190 e 191. Ellora, Índia. Secção e planta do templo Kailasa, escavado na rocha (século VIII d.C.).

europeus, no século XV, chamarão «as Índias». À escala arquitectónica, a potencial universalidade do *mandala* é quase traduzida, na prática, pela imensa pluralidade das variantes, e encontra uma singular representação também no mundo chinês: o «pagode», formado por vários planos sobrepostos em volta de um eixo vertical materializado num poste central em madeira (mas quase sempre reduzido a uma construção secundária).

AS ORIGENS DA ARQUITECTURA

Fig. 192. A cidade santa de Tiruvannamalai, no Sul da Índia.

Os dágabas de Ceilão, de Borobudur, os 10.000 templos de Pagan interpretam e variam das maneiras mais surpreendentes o modelo conceptual indiano. Borobudur e outros santuários de Java surgem hoje isolados no campo. Talvez os aldeamentos em seu redor nunca tenham existido e o exagero dimensional do *mandala*

AS SAÍDAS DO NEOLÍTICO

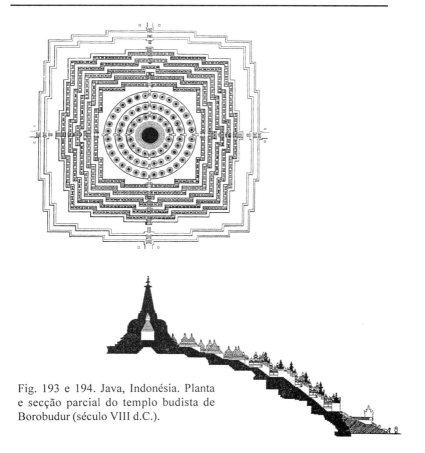

Fig. 193 e 194. Java, Indonésia. Planta e secção parcial do templo budista de Borobudur (século VIII d.C.).

sirva para aguentar o confronto com uma paisagem aberta, ou talvez os artefactos da vida quotidiana tenham desaparecido primeiro. A diferença de duração estabelece, por si só, uma distinção absoluta entre a esfera sagrada e a esfera profana, e sacrifica a ideia de cidade ao sentido de uma desproporção intransponível entre o céu e a terra.

Mas, na paisagem húmida do Camboja, pela primeira e única vez, o conceito do *mandala* é materializado à escala urbana e topográfica, até ao limite extremo da percepção visual. Convém que nos detenhamos neste episódio singular, que vale como uma referência absoluta da luta do homem para competir com a paisagem natural.

AS ORIGENS DA ARQUITECTURA

Fig. 195. Java, Indonésia. Uma vista do templo de Borobudur.

A base económica do reino Khmer, entre os séculos IX e XIII, é a cultura intensiva do arroz na planície sulcada pelo rio Mekong. O rio, no seu curso terminal, tem uma inclinação tão reduzida que as cheias sazonais provocam uma onda de refluxo, que sobe os afluentes e alaga a planície circundante. O expediente técnico para dominar esta situação é a construção de grandes bacias artificiais (*baray*), que retêm a água e podem distribuí-la durante todo o ano. A sua conformação, sobre um declive uniforme de norte para sul, é obrigatoriamente essa, tendo um lado muito comprido apoiado a uma curva de nível e o lado oposto suficientemente elevado para irrigar as culturas do vale. A invenção arquitectónica consiste em incorporar as *baray* na paisagem das cidades. A capital, Angkor, possui duas de dimensões colossais (2 x 7 quilómetros e 2,5 x 8 quilómetros), que captam os rios a montante e alimentam, no vale, uma rede de canais, que têm, por sua vez, medidas consideráveis (as larguras variam entre 50 e 100 metros), para dividir as várias zonas da cidade e delinear as áreas pertencentes aos templos. O perigo de transbordamento das *baray* obriga a manter uma orientação constante, e a cidade converte-se numa

AS SAÍDAS DO NEOLÍTICO

Fig. 196 e 197. Angkor, Camboja. Fotografia aérea e vista frontal do templo de Angkor Vat.

AS ORIGENS DA ARQUITECTURA

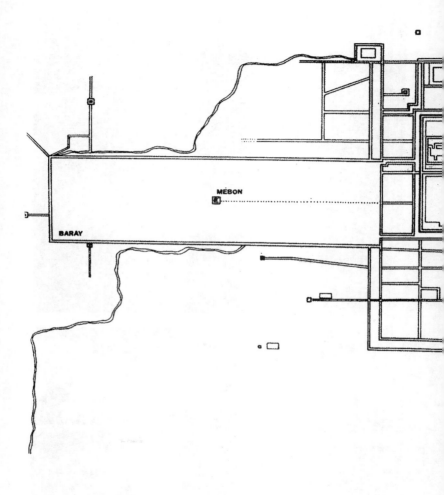

Fig. 198. Angkor, Camboja. Planta geral. Estão reproduzidas as zonas de água.

AS SAÍDAS DO NEOLÍTICO

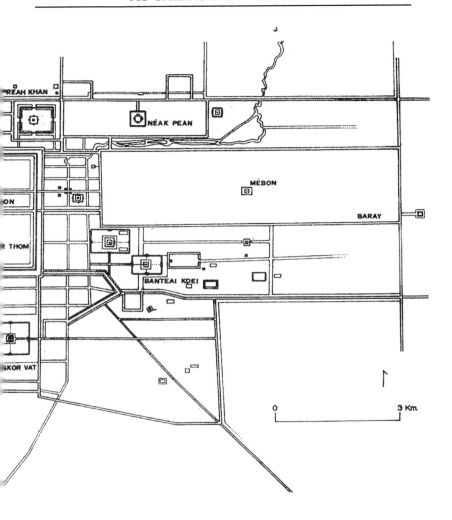

AS ORIGENS DA ARQUITECTURA

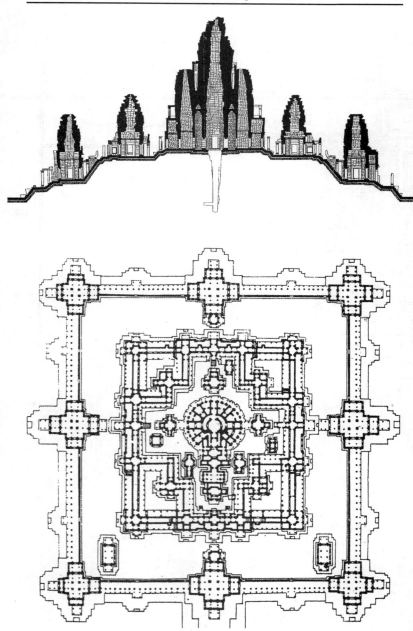

Fig. 199 e 200 (*na página anterior*). Angkor, Camboja. Secção e planta do templo Bayon (início do século XIII). O eixo cósmico passa através do furo da torre central e mergulha no terreno.

Fig. 201. Angkor, Camboja. A perfeição das esculturas está relacionada com a impecável precisão do projecto global.

AS ORIGENS DA ARQUITECTURA

imensa combinação de recintos, com cerca de 25 x 10 quilómetros, que utiliza os «templos-montanha» como eixos geométricos e pontos de referência perspécticos. Os templos perdem o seu carácter de construções exclusivas, ligam-se entre si, coordenam-se em sequências de uma grandiosidade inaudita. A água aumenta o comprimento das vistas, como nos parques europeus seiscentistas e setecentistas. Alguns templos espelham-se a todo o comprimento nas *baray*, e as próprios *baray* são tratadas como indivíduos arquitectónicos, com um eixo central assinalado pelo *lingam*, o símbolo fálico indiano. Os espelhos de água são colocados também a vários níveis, sobre as plataformas do templo Neak Pean.

Podemos imaginar a geometria da área urbana prolongada até ao infinito pela rede de arrozais que a circunda, obrigados, por razões hidráulicas, a ter a mesma orientação. Mas hoje o tecido agrícola desapareceu, engolido pela selva. De facto, este cenário extraordinário não é duradouro. Torna-se impossível evitar o assoreamento dos reservatórios, e o empobrecimento produtivo deixa o reino exposto às invasões dos inimigos que o rodeiam. As cidades khmer são abandonadas no século XIV, são escavadas mais tarde pelos arqueólogos franceses, de novo abandonadas durante as guerras do século passado, e provavelmente o regresso da natureza apagará definitivamente esta temerária tentativa humana.

O Extremo Oriente

O aparecimento da cidade no outro extremo do continente eurasiático, para lá do obstáculo constituído pelos Himalaias, dá-se num cenário geográfico e histórico diferente, com características excepcionais.

O lugar onde se dá este acontecimento é a extremidade mais distante do grande leque aluviano, que nasce do planalto himalaico: a planície que rodeia o curso inferior do Rio Amarelo. O território é habitado desde uma época muito antiga, mas entre as culturas paleolíticas e as neolíticas há uma interrupção produzida por uma complexa transformação geológica. A paisagem da China continental (Kansu, Shenxi e Shanxi) foi submersa pelo *loess*, um pó amarelo proveniente da erosão das rochas, que formou um estrato com uma espessura que chega aos 100 metros, onde não há vestígios da presença humana. Sobre este estrato – fértil mas sujeito

AS SAÍDAS DO NEOLÍTICO

às inundações dos rios – fixam-se depois as culturas e as aldeias agrícolas, que a pesquisa arqueológica está explorando.

O quadro geográfico de referência é desde o início muito diferente do do Ocidente, e muito mais extenso: a noroeste as montanhas longínquas, de onde vêm as águas do rio; a sueste o mar aberto, traiçoeiro e desconhecido, onde surgem as ilhas míticas dos Imortais. Pequenos montes separam os vales paralelos do Rio Amarelo e dos outros grandes rios, que com a sua gama de climas cobrem todo o espaço entre as estepes do Norte e as regiões equatoriais do Sul. Está tudo entreligado e desprovido de fronteiras seguras. A prosperidade da «região do meio» depende da possibilidade de manter um equilíbrio entre estes vários elementos, que têm de ser tidos em consideração permanentemente. O equilíbrio, resultante da oscilação de factores opostos, e por isso sempre complexo e instável, é o ideal que comanda todas as manifestações da vida individual e colectiva.

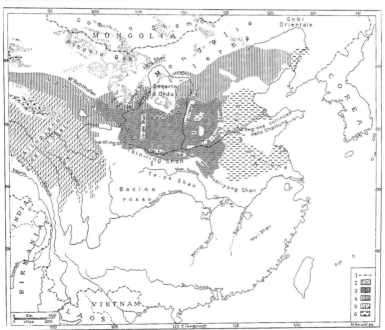

Fig. 202. O ambiente geográfico da civilização chinesa antiga: 1. fronteiras políticas actuais; 2. deserto de areia; 3. depósito de *loess*; 4. *loess* numa região colinosa; 5. *loess* no planalto; 6. *loess* em terreno aluvial.

AS ORIGENS DA ARQUITECTURA

A dupla referência ao suporte territorial e às funções locais já se encontra presente, tanto quanto sabemos, nas construções das civilizações agrícolas mais antigas. As construções são de preferência encaixadas no terreno, de modo a conferir estabilidade às coberturas em madeira e palha; as habitações, parcialmente incorporadas no solo, emergem dele através das carpintarias variadas dos telhados (talvez seja desta tradição que provém a distinção entre pódio e estrutura, na arquitectura chinesa posterior). A aldeia campestre surge, de preferência, sobre um monte próximo dos campos cultivados e cada residência, por muito elementar que seja, é orientada pelos pontos cardeais. As primeiras cidades, que se formam no II milénio a.c., são pensadas como residências mais complexas, em proporção com a dignidade do senhor que as possui. A nomenclatura reproduz este conceito. Não existe um nome genérico para a cidade, mas uma série de ideogramas referentes à sua grandeza: *tscheng*, que também quer dizer muro, designa a residência de um senhor feudal; *ji* é a morada de um feudatário mais importante; *tu* é a capital de um Estado. Portanto, apenas uma hierarquia política e quantitativa distingue a «cidade» da «aldeia», e as cidades da China arcaica são construídas com os mesmos materiais pobres, a argila, a palha rebocada, a madeira. Isto não pode ser explicado apenas pela escassez de materiais mais duradouros, mas sim, em primeiro lugar pela falta de monumentalidade do cenário construído, ao contrário do que aconteceu no Ocidente desde o início. A monumentalidade acontece, mas aplica-se aos objectos cerimoniais transportáveis, que simbolizam a imortalidade das linhagens, e, antes de mais, aos bronzes, que já desde meados do II milénio atingem um nível de qualidade supremo. Os edifícios, mesmo os importantes, como os «palácios» e as próprias cidades, são considerados invólucros provisórios e perecíveis.

É essencial ter em consideração que também nas primeiras sociedades complexas «o domínio era exercido sobre *pessoas*, através de relações *pessoais*, e só indirectamente – e de maneira transitória – tinha a ver com o *território*» (M. Sabattini e P. Santangelo, *História da China*, 1986). Produto do poder central e não da autonomia local, cada cidade resulta de um acto de planificação superior e a sua história depende das complexas vicissitudes políticas gerais: pode crescer, diminuir, ser abandonada, renascer numa posição contígua, ser transformada numa ruína que passa a fazer

Fig. 203 e 204. *Em cima*: um vaso *tsun* do século XI a.C., conservado ainda hoje no património da casa imperial chinesa. *Em baixo*: o *t'ao-t'ieh*, um desenho recorrente nos vasos chineses; os seus elementos são estilizações extremas de uma imagem animal ou humana.

AS ORIGENS DA ARQUITECTURA

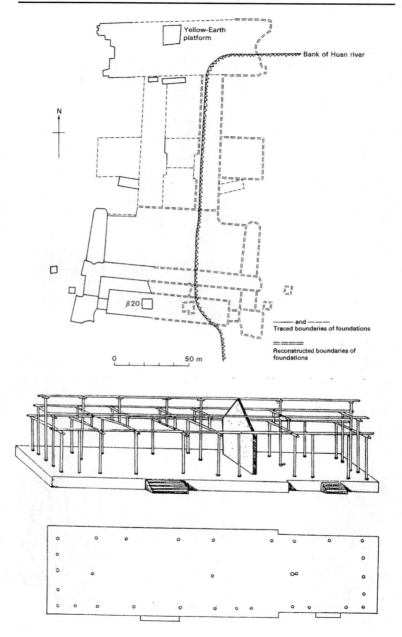

AS SAÍDAS DO NEOLÍTICO

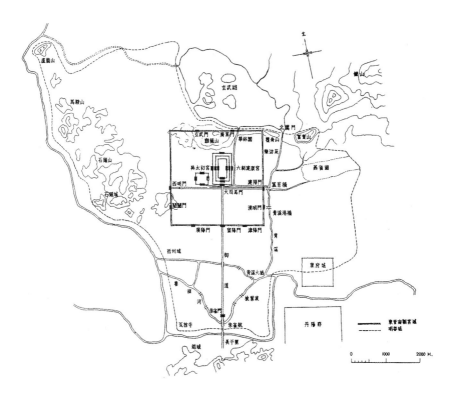

Fig. 205-207 (*na página anterior*). Hsiao-t'un, China. A área Beta, onde é legível um «palácio» simétrico. Axonometria e planta de um edifício em linha, da época Shang.

Fig. 208. Nanquim, China. Planta original, com o quadrilátero do palácio imperial ao centro.

AS ORIGENS DA ARQUITECTURA

parte de um parque, ou ser definitivamente apagada pelas variações do leito de um rio, como a capital do Primeiro Imperador.

A consistência física dos edifícios baseia-se, também posteriormente, na distinção entre um pódio murário e uma construção ligeira elevada, em madeira e coberta de palha, e, a partir do século VIII a.c., de telhas de terracota. O edifício por si só não dura, mas faz-se com que ele dure através da manutenção, normal e extraordinária. O rito desta intervenção contínua, codificado de maneiras precisas, constitui o património cultural primário, cuja execução pode ser repetida livremente, como se seguisse uma partitura musical. Em ambos os casos, o acto constitutivo conta mais do que o objecto constituído.

Por estes motivos não possuímos uma imagem precisa e duradoura das cidades mais antigas. O cenário urbano é por natureza precário, e os elementos duráveis são os factores externos, que o ligam ao território, mais do que os factores internos. Os cenários áulicos não constituem excepção. O único que sobreviveu – o recinto imperial de Pequim, pela continuidade das suas alterações desde a época mongol até ao início do século X – apesar de ser dominado pelo eixo cerimonial norte-sul, não o utiliza para unificar visualmente o conjunto arquitectónico. O eixo está encoberto por uma série de barreiras visuais, que isolam os sucessivos recintos, e a sua função é intencionalmente mental: quem o percorre tem a sensação de não se desviar da linha recta, mas fixa-se onde a sua formação o prevê. A mesma estrutura narrativa identifica-se também, pelo que sabemos, com os jardins, e de facto teve uma função dialéctica no Ocidente, no século XVIII, quando se dá a passagem do desenho perspéctico dos parques à maneira francesa para o desenho informal dos parques à inglesa, denominado *anglo-chinois* (e vice-versa: na mesma época, o imperador da China encarrega dois missionários jesuítas de compor no parque do palácio de Verão um pequeno jardim ocidental, com labirintos, lagos e jogos de água, chamado Hsieh Ch'i Ch'u, isto é, «harmonioso, estranho e agradável»). Este género de estrutura ilude o problema da escala. Os enormes jardins imperiais, com as suas dimensões geográficas, confundem-se com o quadro natural, e na outra extremidade os pequenos jardins privados, muitas vezes de dimensões reduzidíssimas, conservam a pretensão de condensar uma paisagem infinita, com lagos e montanhas em miniatura que têm o nome dos verdadeiros.

AS SAÍDAS DO NEOLÍTICO

Na apreciação dos cenários chineses, há que ter em conta que não ocorreu, nos meios de representação, a bifurcação nítida entre universo material e universo mental. Como no Ocidente, cidade e escrita ideográfica aparecem no mesmo período, que a tradição associa à mítica dinastia Shang. Mas a escrita chinesa, embora articulada em vários estilos e modificada ao longo do tempo, conserva um valor ideográfico independente da língua falada, e fornece um sistema de sinais codificados tanto ao mundo literário como ao das artes visuais. As fronteiras entre os dois campos – formas artificiais e palavras escritas, mas também imagens e pensamentos – tornam-se esbatidas e variáveis. A correspondência entre sinais e sons pronunciados dá-se numa base silábica (50 sons iniciais e 12 sons finais, segundo o método *fantija*). Contudo, o repertório ideográfico chinês pode ser aplicado também às línguas heterogéneas dos povos fronteiriços, e difunde, numa área muito vasta, os seus valores formais e conceptuais. O paralelismo entre escrita e arquitectura torna-se muito mais estreito do que no Ocidente, porque os dois campos dependem de codificações afins e em parte coincidentes.

Fig. 209. Um ideograma traçado pelo mestre Chao-meng-fu (1254-1322 d.C.).

AS ORIGENS DA ARQUITECTURA

Em meados do I milénio, os senhores feudais tornam-se mais poderosos e autónomos (períodos Primavera e Outono), até que se transformam em Estados independentes que competem entre si (período dos Reinos Combatentes). A pluralidade dos poderes, como na Mesopotâmia antiga, na Grécia clássica e na Idade Média italiana, favorece o debate e a criatividade cultural. Aparecem as «cem escolas» de pensamento, assim classificadas mais tarde pelos intelectuais Han. Confúcio, Mo-Tsé e Mêncio organizam a tradição de pensamento ortodoxa e mundana, a que Lao-tsu contrapõe uma doutrina de orientação mística (*tsu* significa mestre, e cada discurso tem um tom pessoal, sempre problemático). Os textos teóricos deste período ocupam-se largamente dos ordenamentos territoriais, urbanos e arquitectónicos.

Em primeiro lugar, a cidade faz parte do universo natural, e as suas características, numa visão orgânica do ambiente global, devem harmonizar-se com as da paisagem. Forma-se neste período a doutrina geomântica, Feng-shui, que ensina a escolher os lugares das instalações, entre o cenário montanhoso e a planície, de maneira a canalizar correctamente os influxos cósmicos envolventes. O universo, contudo, é concebido dinamicamente, como uma combinação de princípios complementares (*yang* e *yin*), que se corrigem mutuamente, pelo que a ordem a instaurar é sempre complexa e instável. Regularidade e irregularidade convivem a todos os níveis, e a vitalidade de qualquer forma artificial resulta da interferência de vários motivos, que tornam possível a sua ligação ao contexto (os grandes bronzes Shang e Chou, que adquirem quase de imediato uma perfeição comparável às grandes esculturas egípcias e gregas – legíveis a vários níveis na configuração geral correspondente aos tipos canónicos, nas modificações individuais, no tratamento fino das superfícies e nas inscrições incorporadas –, oferecem uma representação condensada deste propósito e parecem sair de si mesmos, num ousado confronto com o inteiro universo).

Neste clima mental as normas de planificação tornam-se múltiplas e minuciosas, e cruzam-se muitas vezes com as normas morais, políticas e religiosas. Mêncio fala da planificação urbana e da arquitectura como fazendo parte da gestão pública. A *Ilustração dos três rituais (Chou-li)* estabelece as características de uma cidade capital, que deve ser de forma quadrada, com doze portas, nove ruas longitudinais, nove transversais e o recinto da corte situado ao centro. Meng-tsi descreve a formação de uma cidade

226

de média grandeza, que tem menos exigências de regularidade mas devia conservar a forma quadrangular e a orientação de acordo com os pontos cardeais, tendo o acesso principal do lado sul. A literatura contém também as descrições dos tipos de construção, compostos pelo envasamento murário e pela estrutura em madeira colocada sobre ele, e as regras cerimoniais do próprio desenho. As principais funções sociais desenrolam-se em recintos que constam de um pórtico de entrada (*t'ang*), uma sala principal (*shih*) e vários espaços laterais. A sala destinada às cerimónias reais chama-se *Ming-t'ang*, e as descrições sugerem uma planta quadrada dividida em nove quadrados menores (idêntica àquela que é prescrita por Mêncio para a divisão dos campos agrícolas e

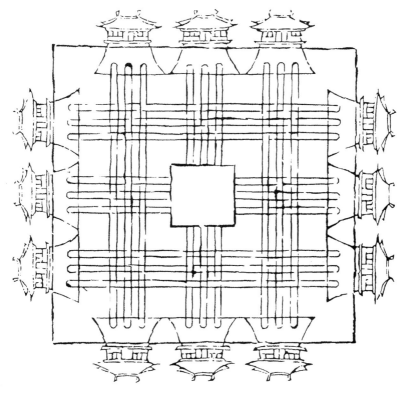

Fig. 210. O modelo teórico de uma cidade capital, contido no tratado *Chou-li*, do século IV a.C.

AS ORIGENS DA ARQUITECTURA

pelo *Chou-li* para uma cidade capital, conforme já se disse. A analogia com o *mandala* indiano remete talvez para um património mental remoto, presente nas duas civilizações).

A configuração dos trabalhos de carpintaria é normalizada tal como o eram os modelos em pedra dos Gregos, e será codificada nos tratados posteriores: o *Ying-tsao-fa-shih*, divulgado em 1145 d.C., e o *Kung-ch'eng-tso-fa*, de 1733. Cada elemento e cada combinação têm nome próprio e as suas regras, mas permanecem ligados à materialidade dos seus processos, e não são «monumentalizados» através da substituição dos materiais por outros mais duráveis. Por isso, todas as antigas estruturas desapareceram há muito tempo, e a pesquisa arqueológica traz à luz apenas os seus alicerces.

Em 221 a.C., quando o rei de Ch'in unifica os Reinos Combatentes e se proclama Primeiro Imperador – *Shih-huang-ti* –, começa a construção do Estado Universal, que é a meta constante da história chinesa posterior, e no nosso campo começa a aventura da grande dimensão. Constrói-se um sistema de estradas que apresentavam sempre as mesmas características (50 pés de largura e duas filas de árvores espaçadas de 30 pés); ligam-se entre si as fortificações já existentes das fronteiras de montanha, para formar a Grande Muralha, «com 10.000 *li* de comprimento», ou seja, 5.000 quilómetros; aumentam-se as dimensões da capital Ch'in, Hsienyang, mandando transferir para lá 120.000 famílias de várias partes do império, e estabelecem-se as regras da zona de comando responsável por todo o sistema territorial, unificando os modelos regionais e lançando as bases de um estilo áulico, imperial, que será transmitido às dinastias posteriores.

O Filho do Céu, regulador das estações e responsável pelo calendário, é encarregado de adequar as acções humanas à ordem celeste, e põe isso em prática num cenário arquitectónico feito para o efeito – o já mencionado Ming-T'ang – do qual Marcel Granet nos dá esta sugestiva descrição (*A religião dos Chineses*, 1951):

Um edifício convenientemente construído pode ser o bastante para irradiar sobre todo o país a Influência Soberana. Será rodeado por um lago circular e coberto por um telhado circular, uma vez que ali se consumará a obra cíclica do calendário (o céu é redondo), mas terá quatro faces orientadas, em volta das quais se reunirão os vassalos, não em

AS SAÍDAS DO NEOLÍTICO

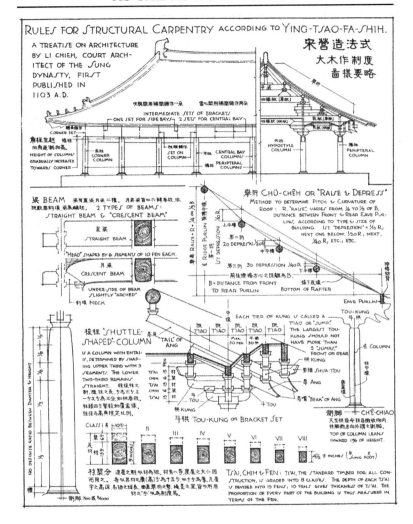

Fig. 211. As prescrições do primeiro tratado chinês de arquitectura – *Ying--tsao-fa-shih*, 1103 d.C. – transcritas no século XIX por Shin-chang-ju.

quadrado, porém, nem por regiões. No recinto do Ming-T'ang os vassalos serão dispostos de acordo com a sua categoria de nobreza e nenhum a norte, porque só o soberano, neste lugar sagrado, pode estar voltado para sul. Mas, fora do recinto, os bárbaros das quatro fronteiras (não

AS ORIGENS DA ARQUITECTURA

podem deixar de estar lá, se é que a Virtude real possui toda a sua eficácia), os bárbaros dos quatro mares, cada um no seu oriente, formarão o quadrado. A construção será, pois, quadrada (a Terra é quadrada) e será dividida em nove compartimentos quadrados (a China tem nove províncias) mas de maneira que nos possamos servir deles como se fossem doze (a China tem doze províncias; também o ano tem doze meses – ou cerca disso). Para promulgar o calendário, nos meses que são o centro de cada estação, os meses dos solstícios e dos equinócios, o rei estará nos compartimentos medianos orientados directamente para este, para sul, para oeste e para norte, como os dois Hi e os dois Ho (os delegados do Soberano) o estavam para os quatro orientes; o Soberano estará dois meses em cada um deles, os meses de transição entre as estações, e desse modo os oito compartimentos exteriores do quadrado servirão para constituir os doze meses. Doze meses lunares não preenchem os trezentos e sessenta dias do ano, mas será que o reino não terá um centro, o ano um eixo, e o Ming-T'ang um compartimento central?

No final do Verão – período crítico em que se passa das estações *yang* às estações *yin* – a Influência Soberana exercer-se-á no compartimento central. Assim, o círculo anual será perfeito para a circulação real na casa quadrada do Calendário. Assim, este quadrado é mágico, no verdadeiro sentido da palavra.

Cada sala possui um símbolo numérico. Em todos os sentidos o total é 15; e não é o ano dividido em 24 períodos de quinze dias, cujo emblema é um dito sazonal? O número de base é 5: cada um dos 24 períodos subdivide-se em períodos de 5 dias, também eles assinalados por um dito. 5 é o número central; os números coerentes com 5 encontram-se distribuídos por pares em cada face do quadrado; cada par indica um oriente: 1-6=norte, 3-8=este, e (por causa de uma inversão que é explicada por outras inversões numéricas) 2-7=sul e 4-9=oeste.

	S	
4	9	2
3	5	7
8	1	6

E (à esquerda) · O (à direita) · N (abaixo)

AS SAÍDAS DO NEOLÍTICO

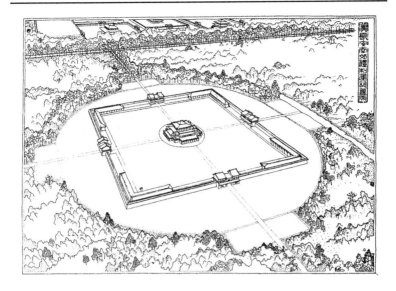

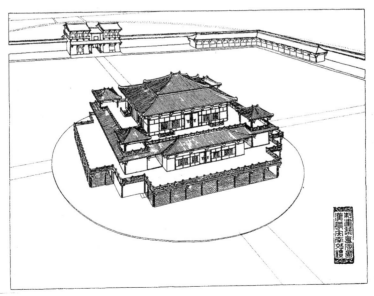

Fig. 212 e 213. Representações hipotéticas do Ming-T'ang, perto de Chang-
-an, na era T'ang.

AS ORIGENS DA ARQUITECTURA

Esta descrição contém um ensinamento fundamental no nosso campo. Não só cada forma está ligada ao ambiente do conjunto, como o próprio ambiente é redutível à vontade, como um fole, e a escala das construções não tem o valor determinante que possui na cultura ocidental. A grande e a pequena dimensão são, num certo sentido, equivalentes, uma vez que a ligação ao contexto nunca é eliminável; de qualquer modo, a complexidade do conjunto intervém, e pode ser racionalizada de diversas maneiras equivalentes: veja-se a incerteza dos cálculos numéricos citados por Granet. As obrigatoriedades dimensionais não têm o carácter dramático imposto pelo pensamento grego, porque em cada nível está presente uma coloração dramática, e a prudência ensina a medi-la a cada instante.

Uma elaboração deste género, que do ponto de vista histórico caracteriza todo o ciclo da história chinesa, oferece-se hoje ao confronto mundial, e podia tornar-se um recurso precioso no mundo globalizado. Onde quer que tenha surgido a dependência entre a ordem social e a ordem natural, e a necessidade de um governo circunspecto, falível mas capaz de se corrigir. A *hybris* das ideologias contemporâneas – que provocaram tantos estragos sociais e naturais – nasce do pensamento ocidental, e pode ser corrigida por um pensamento diferente, que tem como objectivo um equilíbrio geral. É preciso esperar que a modernização tardia e tumultuosa do grande país deixe emergir, a tempo, as características de longo período, verificadas na história passada.

Nesta perspectiva, é útil recapitular a história compacta da China imperial.

A primeira unificação do país, no final do século III a.C., é sentida como uma mudança de tal modo importante, que assume o aspecto de um início absoluto. Numa década, faz-se uma tentativa grandiosa para refundar e racionalizar o Império Chinês, isto é, o mundo inteiro. Unificam-se as leis, as moedas, os pesos, as medidas, a dimensão dos carros, a escrita, e chega-se a mandar queimar todos os livros, com excepção dos que estão recolhidos na biblioteca imperial, para uniformizar a autoridade do património cultural chinês.

O Primeiro Imperador morre em 210 e é sepultado num enorme túmulo em forma de pirâmide quadrada, com 500 metros de lado e 75 de altura, que até hoje não foi escavado. Existe na literatura a descrição do interior: uma imensa câmara construída como um vaso em cobre fundido do exterior, contendo uma reprodução

AS SAÍDAS DO NEOLÍTICO

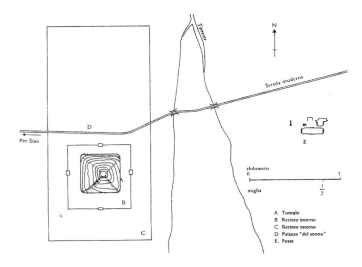

Fig. 214. O túmulo do Primeiro Imperador, perto de Xian. É indicada a escavação onde foi encontrado o exército de terracota.

reduzida do mundo, com a terra, o mar, os rios de mercúrio movidos eternamente por uma máquina misteriosa, e a abóbada celeste pintada no cimo. Numa fossa descoberta casualmente a dois quilómetros de distância, foram encontrados 10.000 guerreiros em terracota, perfilados na direcção do oriente.

Quatro anos depois, o império Ch'in foi derrubado por uma revolução. A dinastia Han, que se segue, e que reina durante quatro séculos, consolida definitivamente o poder imperial e elabora uma definição clássica da civilização chinesa, do mesmo modo que, ao mesmo tempo, o Império Romano organiza a herança cultural do mundo mediterrâneo. Os dois impérios entram em crise ao mesmo tempo no século III d.C., mas a «idade média» que se segue é muito mais curta na China. Aqui, a partir do século VI d.C., os Sui e os T'ang restabelecem um Estado unitário mais forte e mais rico, que tem uma supremacia indiscutível até ao século XVIII. Os ordenamentos físicos promovidos pelo poder imperial acumulam-se no território e formam um sistema coerente, que não encontra paralelo até ao limiar da idade industrial.

Os acontecimentos que se dão no foro imperial são exemplares como nunca o tinham sido. O Primeiro Imperador Han constrói

AS ORIGENS DA ARQUITECTURA

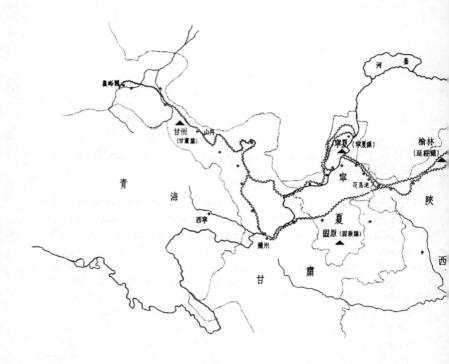

AS SAÍDAS DO NEOLÍTICO

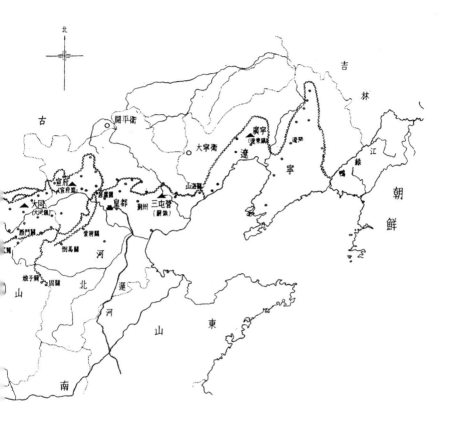

Fig. 215. Planta geral da «grande muralha» chinesa (está representada a área do mar). A colossal fortificação foi construída gradualmente, aderindo à complexa topografia do interior.

AS ORIGENS DA ARQUITECTURA

uma nova capital ao lado dos restos da destruída Hsien-yang, chamada Chang-an, e toda a zona circunvizinha, que inclui as ruínas das cidades Chou e Ch'in, se transforma num parque com mais de 300.000 hectares, onde é construída, no início do século I d.C., uma réplica do Ming-T'ang imperial, dentro de um lago circular. Nos séculos seguintes, a capital é deslocada para Lo-yang e Nanquim. Os T'ang, no século VI d.C., fazem regressar a capital à região «entre os passos», imediatamente a sul de Chang-an: uma enorme cidade simétrica, com o mesmo nome, de 7.500 hectares, a maior jamais construída na era pré-industrial. As ruínas da cidade Han são incluídas num parque vedado com 20.000 hectares, onde se encontra o palácio favorito da família imperial, Taming (este modelo supremo encontra ecos nas capitais dos Estados

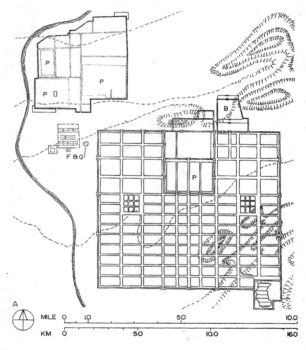

Fig. 216. Chang-an, a capital dos T'ang. No parque do palácio imperial, ao alto, estão incluídas as ruínas da capital dos Chin, que tem o mesmo nome. Em baixo, a provável localização do Ming-T'ang.

AS SAÍDAS DO NEOLÍTICO

vizinhos, que, nesse mesmo período, sentem a atracção irresistível da cultura chinesa: Kjonju na Coreia, e as cidades imperiais japonesas, Fujiwara, Nara e Kyoto). Perto da capital oriental, Loyang, um perímetro de 200 *li*, cerca de 100 quilómetros, é completamente transformado para nele se construir um novo parque, com montanhas, lagos e florestas artificiais, para dar uma imagem reduzida de todo o universo. No início do século VII é construído um canal navegável que liga os troços terminais dos grandes rios; a Grande Muralha é restaurada e prolongada até rivalizar com a complexa orografia do interior noroeste.

Os Sung constroem duas novas capitais, K'ai-feng e Hang-zhiu; os Mongóis, que conquistam a China no século XIII, situam

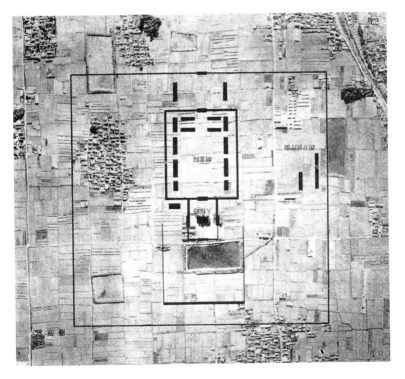

Fig. 217. Fujiwara, a primeira capital do Japão, fundada em 694 d.C. de acordo com o modelo chinês. Os campos em volta são ainda hoje subdivididos por uma grelha orientada segundo os pontos cardeais.

AS ORIGENS DA ARQUITECTURA

na margem setentrional da China a sua capital, Dadu, que talvez seja a Cambaluc de que fala Marco Polo e que depois passa a ser Pequim. As instituições e os modelos tradicionais, enquanto se dão estes acontecimentos, mantêm-se incontestados. As duas últimas dinastias, os Ming e os Ch'ing, fomentam um regresso deliberado ao passado, e deixam em herança ao mundo moderno um conjunto colossal de obras de arte, textos, documentos, que preenchem 36.000 volumes manuscritos (o último tratado de arquitectura é de 1733).

A continuidade dos modelos e das construções, durante mais de dois milénios, é única na história mundial, e é também uma das razões das dificuldades em enfrentar os desafios da modernização no mundo actual. No nosso campo há uma dificuldade mais profunda: a disponibilidade para acolher os contributos externos com a reserva em introduzi-los na nossa própria dialéctica, que, por sua vez, é estranha às instituições do mundo globalizado de hoje. Pelo menos, até que a herança original da civilização chinesa entre na dialéctica mundial.

As «cidades» no Novo Mundo

O aparecimento das povoações compactas e diferenciadas, comparáveis às cidades do Velho Continente, dá-se no final do I milénio a.C., quando as estruturas sociais atingem um grau de complexidade que determina esse efeito. No entanto, a oposição entre cidade e campo manifesta-se apenas na área política e o aumento da escala não impede a integração neolítica da paisagem terrestre. Do ponto de vista económico as «cidades» são, como já foi dito, centros de serviços de uma população dispersa por um território vasto; no que respeita à fisionomia arquitectónica, os cenários artificiais são dominados pela adaptação aos cenários naturais, como na época neolítica descrita nos capítulos anteriores.

A anomalia das cidades americanas em relação ao resto do mundo é justificada pelo atraso ou pela falta de um sistema de escrita. No distrito de Oaxaca, por volta de 500 a.C., existia um sistema de anotações para preservar o passado histórico, situando-o no tempo por meio de um calendário que depois se difunde, com algumas variações, em toda a região. Os Maias possuem um calendário elaborado de maneira singular, com uma data que

Fig. 218. Seis glifos maias, que indicam o dia, o mês e o ano, os 20 anos, os 400 anos e os 8.000 anos.

representa o «princípio do tempo», que é o dia 13 de Agosto de 3.114 a.c. A inscrição maia mais antiga – a estela dois de Chiapa de Corzo – apresenta a data de 9 de Dezembro de 36 a.c. A escrita ideográfica inclui principalmente símbolos numéricos e símbolos topográficos, que transmitem informações sobre as estruturas dos tempos e dos lugares. A introdução da fonética, através de um alfabeto vocal, dá-se consideravelmente mais tarde e ainda não está completa no momento da conquista europeia. Na América meridional não existe qualquer espécie de escrita. O Império Inca, com as suas estruturas complexas e a sua enorme extensão territorial, funcionou sem registos escritos. As informações, prevalentemente numéricas, eram recolhidas num sistema de cordéis de várias cores onde se faziam nós (*quipu*), que desa-

Fig. 219 e 220. O *quipu* peruano, com as informações correspondentes às cores e aos nós. Uma figura do tratado de Guaman Poma de Ayala (1587-1615), que ilustra este género de «escrita».

AS ORIGENS DA ARQUITECTURA

pareceu rapidamente depois da conquista. Os *quipu*, facilmente transportáveis, podiam viajar juntamente com os mensageiros pedestres dos Incas, de Cuzco em direcção aos quatro pontos do universo. Por conseguinte, os cenários físicos que somos induzidos a classificar como cidades antecedem os sistemas de escrita, e estes sistemas serviam principalmente para garantir a inserção dos factos humanos nos parâmetros do espaço e do tempo. Tudo isto põe em evidência a relatividade dos conceitos modelados de acordo com a nossa tradição. A palavra «cidade» esconde uma gama de opções diversas, abertas no passado e abertas ainda no futuro.

Enumeramos as maiores entre estas «cidades», por ordem cronológica.

Na bacia lacustre do México, Teotihuacan, situada numa pequena planície irrigada, já no início do século I d.C. é o centro mais importante, e atinge o desenvolvimento máximo por volta de 600 d.C. É construída com base num desenho regular em forma de tabuleiro de xadrez, orientado de acordo com os pontos cardeais, e cobre 1.200 hectares, quase como a Roma imperial sua contemporânea, dentro da muralha Aureliana. A rua principal, de norte para sul, com 90 metros de largura, dá lugar a mais de cem santuários em forma de pirâmide, de vários tamanhos, e é um eixo de simetria centrado na chamada Pirâmide da Lua, com dois quilómetros de comprimento. A população, que era calculada fazendo a contagem dos «quartos de cama», é de cerca de 200.000 habitantes. Não se comprova com segurança a presença da escrita.

Na região habitada pelos Maias a cidade maior, Tikal, forma--se no mesmo período, e conserva as suas primeiras inscrições, datadas do ano 292 d.C. Tanto os monumentos como as outras construções estão distribuídos no terreno de forma irregular, deixando livres entre si amplos espaços; a cidade cobre uma área dez vezes maior do que Teotihuacan (120 quilómetros quadrados), tendo uma população bastante inferior, entre os 40.000 e os 50.000 habitantes. Contudo, a distribuição dos glifos que designam a dependência dos centros maiores mostra que Tikal, mais do que uma «cidade», é um «estado» com cerca de 25.000 quilómetros quadrados e relaciona-se com outros «estados» com uma superfície compreendida entre os 15.000 e os 20.000, tendo cada um deles um centro principal e um certo número de centros secundários, ligados entre si por estradas de dimensões consideráveis (fig. 224).

240

AS SAÍDAS DO NEOLÍTICO

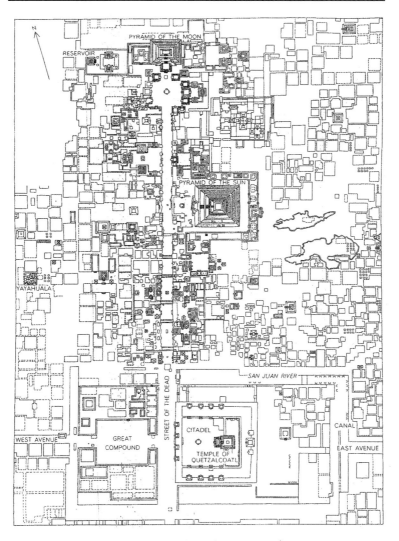

Fig. 221. Teotihuacan, México. Planta da zona central.

AS ORIGENS DA ARQUITECTURA

Fig. 222 e 223. Teotihuacan, México. Vistas aéreas das pirâmides do Sol e da Lua.

AS SAÍDAS DO NEOLÍTICO

E existe outra diferença significativa entre as duas cidades. Teotihuacan situa-se num terreno nivelado, que proporciona aos volumes construídos um plano de apoio uniforme e consolida a sua hierarquia arquitectónica. Tikal ocupa um terreno acidentado, cujas irregularidades fragmentam o imenso cenário; até mesmo o centro principal contém duas depressões profundas, que interceptam os volumes emergentes dos edifícios. A paisagem urbana adquire um carácter labiríntico, sem fronteiras, e dilui-se lentamente no território. No Norte do Peru, uma série de recintos construídos entre 850 e 1.450 d.C. formam a capital do Império Chimù, Chan Chan, e cobrem uma área de cerca de 20 quilómetros quadrados. Mas é precisamente um agregado de elementos delimitados por conta própria que traduz de forma arquitectónica a rede formada pelas culturas irrigadas na planície circundante. O centro cívico ocupa seis quilómetros quadrados; no restante espaço residem cerca de 30.000 habitantes, entre senhores, funcionários, técnicos e operários. Os túmulos dos senhores são incorporados nos palácios das suas famílias.

No planalto forma-se, entre os anos 100 e 400, uma grande metrópole, Tiwanaku, que atinge o desenvolvimento máximo entre 600 e 700, e é abandonada em 1.100 d.C, quando uma seca prolongada provoca o colapso do seu complicado sistema agrícola. O centro cerimonial é formado por um certo número de plataformas em pedra, reunidas num planalto imprecisamente regularizado. A paisagem arquitectónica utiliza a alternância de terraços sobrelevados e pátios rebaixados, talvez relacionados com as articulações da paisagem montanhosa circundante. As culturas que se encontram nas proximidades são organizadas, também elas, sobre plataformas artificiais feitas propositadamente, que prolongam a intervenção arquitectónica na paisagem circunvizinha. Nesta sequência de volumes horizontais destacam-se, por contraste, as grandes pedras verticais das portas que dão acesso às plataformas mais elevadas.

Nas cidades até agora mencionadas, a forma recorrente dos edifícios religiosos é um pódio com vários níveis, que a maior parte das vezes se transforma numa pirâmide de simetria quadrangular, e passa através de uma espantosa variedade de formas. O nome grego «pirâmide», que designa o modelo geométrico de referência,

AS ORIGENS DA ARQUITECTURA

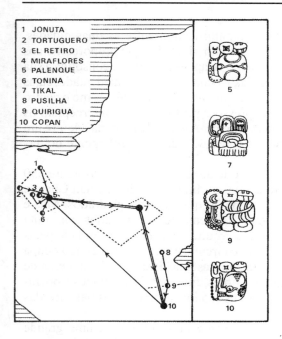

Fig. 224. A hierarquia política das cidades maias, definidas pelos seus glifos. À esquerda a zona de Palenque (5), ao centro a de Tikal (7), à direita a zona de Copan (10). Quirigua (9) tornou-se independente e tem o seu próprio glifo.

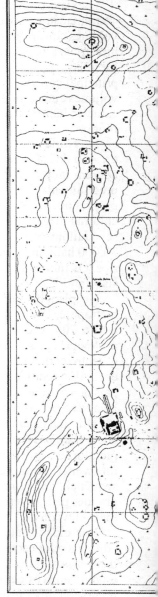

Fig. 225. Tikal, Guatemala. A zona arqueológica. Cada quadrado da esquadria mede 500 x 500 metros.

AS SAÍDAS DO NEOLÍTICO

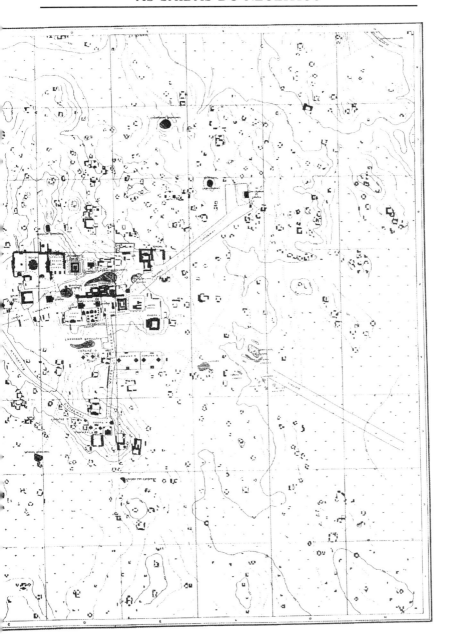

AS ORIGENS DA ARQUITECTURA

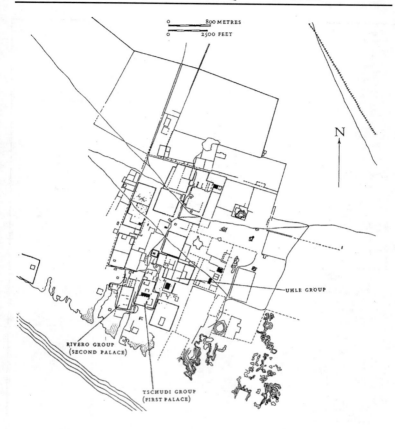

Fig. 226-229. Chan Chan, Peru. Planta geral, vista aérea, e dois painéis decorativos em *adobe*, que ilustram o tratamento dos muramentos em argila.

não deve esconder a diferença essencial destas construções em relação às egípcias e às do Médio e do Extremo Oriente. Não dão cobertura a nenhum objecto que se encontre debaixo delas, servindo para elevar até uma certa altura uma plataforma suspensa entre o céu e a terra, sobre a qual surge um templo ou se pratica um rito. O seu carácter sagrado baseia-se numa situação espacial bem determinada (o desprendimento do plano horizontal, onde os objectos se vêem de um lado ou de outro, e a obtenção de um observatório aéreo, que permite uma vista angular, do alto). A arquitectura celebra a passagem gradual de uma condição à outra, através das

AS SAÍDAS DO NEOLÍTICO

AS ORIGENS DA ARQUITECTURA

Fig. 230. Tiwanaku, Peru. Vista aérea do centro cerimonial.

escadas que permitem percorrer uma ou mais das faces do edifício e o valorizam fazendo com que sobressaia do terreno, mesmo que este seja íngreme. A inclinação dos degraus, levada ao limite das possibilidades de utilização, aumenta desmedidamente a sugestão do percurso e o impacto emotivo do ponto de chegada. A dramatização da escada – talvez a mais notável invenção desta cultura visual – tem uma função central em todo o cenário arquitectónico: evoca, no coração monumental das «cidades», a aliança nunca desfeita com a paisagem infinita; exprime a relação funcional entre o templo e a zona urbana, por vezes muito extensa; comanda o aspecto plástico, que confunde e chega até a esmagar a geometria do edifício.

A semelhança entre estas construções e as montanhas naturais, que dominam a paisagem americana, tem um significado muito expressivo, como se o cenário construído fosse a imagem reduzida de todo o ambiente geográfico. No Novo Mundo, as montanhas são frequentadas com regularidade (a agricultura andina, como

AS SAÍDAS DO NEOLÍTICO

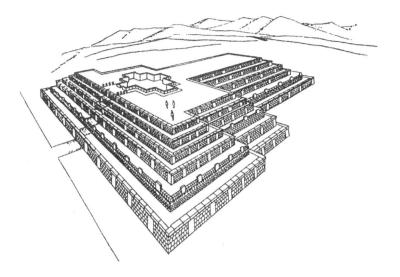

Fig. 231 e 232. Tiwanaku, Peru. Reconstrução da pirâmide Akapana (Moseley), com a praça escavada na plataforma mais alta. Uma cerâmica-retrato que evoca com especial realismo uma personagem desta cultura.

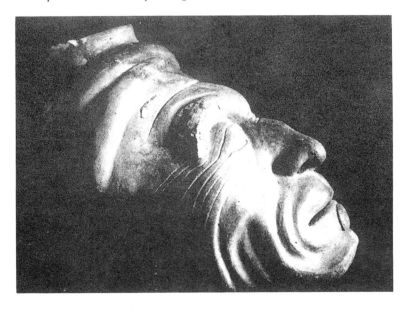

AS ORIGENS DA ARQUITECTURA

Fig. 233. Tikal, Guatemala. Um dos templos, visto do cimo de outro templo próximo. A vista frontal põe em evidência o efeito da íngreme escadaria.

dissémos, vai buscar a variedade excepcional dos seus produtos a terrenos de cultura escalonados a altitudes muito variadas. Durante a conquista do México, comete-se proeza alpinista uma vera, por parte de Alvarado, que se faz conduzir até ao cimo do Popocatepetl, enquanto na Europa, como se sabe, os cumes alpinos só são escalados a partir dos finais do século XVIII). Pode pensar-se que os cumes já eram considerados, como sucede hoje, partes

AS SAÍDAS DO NEOLÍTICO

de uma paisagem tridimensional caracterizada pela homogeneidade das três directrizes espaciais, das quais, possivelmente, a arquitectura pretende dar uma imagem abreviada e emocionante.

As grandes cidades mais recentes, ainda em funcionamento no momento da conquista europeia, parecem perseguir o objectivo mais ambicioso, o de se tornarem capitais à escala geográfica ou mesmo mundial.

Tenochtitlan, a capital dos Aztecas, é construída em redor de uma ilha do lago de Texcoco, que uma aparição profetizada indicou como meta da migração daquele povo. Também aqui o cenário arquitectónico é uma invenção que se sobrepõe com audácia ao contexto natural. A ilha é progressivamente aumentada com acréscimos artificiais, até atingir uma superfície de cerca de 750 hectares (mais ou menos a mesma de Veneza). É ligada à terra firme por seis diques-pontes, um dos quais é percorrido por um aqueduto que leva água pura à cidade, desde as colinas de Chapultepec. Outro dique mais comprido, entre os promontórios de Tepeyac e Iztapalapa, isola a cidade e as bacias de água que a rodeiam do resto do lago, protegendo-a das oscilações do nível das águas. No centro da cidade insular, as pirâmides dos dois templos principais dominam do alto a paisagem urbana e o semicírculo dos subúrbios que se desenvolveram nas suas margens. Este espectáculo maravilhou os soldados de Cortés em 1519, e é recordado na descrição de Bernal Diaz del Castillo (*A conquista da Nova Espanha*, 1568):

Estas grandes cidades, estradas e construções que surgem da água, todas feitas de pedra, pareciam fazer parte de uma visão encantada [...]. Alguns dos nossos soldados perguntaram se não era tudo um sonho. Por isso, não é de surpreender que eu escreva desta maneira a esse respeito. Era tudo tão maravilhoso, que não sei como descrever o primeiro olhar a coisas nunca antes ouvidas, vistas ou sonhadas.

Deste aglomerado existia também, segundo Juan de Ribera, amanuense de Cortés, uma cartografia azteca:

Entre os mapas daqueles territórios examinámos um que media trinta pés ou pouco menos, tecido em algodão branco, onde se descrevia amplamente a laguna com as províncias amigas de Montezuma. Além deste grande, vimos outro um pouco mais pequeno, mas que não despertava menos interesse. Representava a cidade do México, com os seus templos, pontes e lagunas pintados à mão pelos indígenas.

AS ORIGENS DA ARQUITECTURA

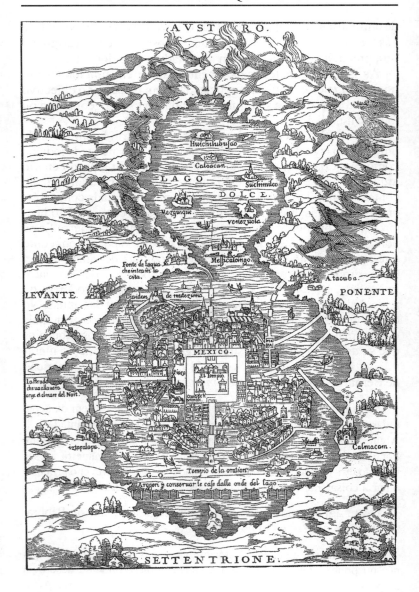

Fig. 234. Uma gravura europeia do século XVI, feita a partir do desenho de Tenochtitlan anexo ao primeiro relatório de Cortés.

AS SAÍDAS DO NEOLÍTICO

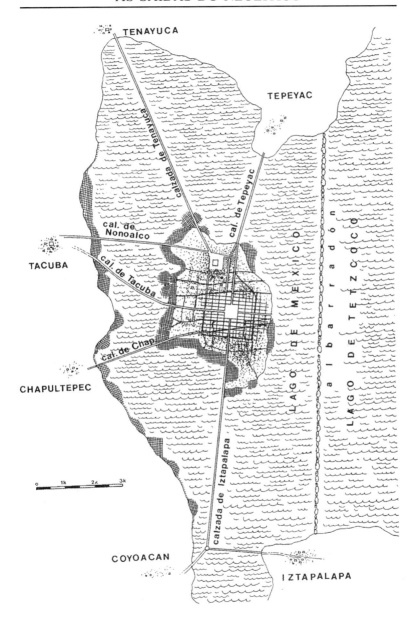

AS ORIGENS DA ARQUITECTURA

Na Europa, esta cidade foi celebrada como a maior do mundo. Os estudiosos de hoje atribuem-lhe uma população de cerca de 60.000 habitantes. Mas não é correcto chamar cidade apenas à parte compacta. É um centro de poder, que exerce o seu controlo até às costas dos dois mares e que inclui uma povoação amplamente articulada, visivelmente cercada pela cadeia de montes que rodeiam, hoje tal como então, a grande planície situada a mais de 2.000 metros de altitude (hoje o lago está quase completamente enxuto, a planície está toda construída e aloja a cidade mais populosa do mundo, que com as suas emanações enevoa também a paisagem montanhosa que a rodeia).

Abaixo do equador, nos últimos dois séculos antes da conquista europeia, os Incas, deslocando-se do seu lugar de origem – o alto vale do Urubamba, entre as duas maiores cadeias dos Andes – ocupam um vasto território ao longo do Pacífico, entre o mar, os

Fig. 235 e 236. Tenochtitlan, México. *Na página anterior*: planta mostrando os diques que ligam a cidade à terra firme, e a barragem que a separa do resto do lago, reconstituída por Graziano Gasparini. *Em cima*: uma gravura espanhola descrevendo a região em 1624.

AS SAÍDAS DO NEOLÍTICO

Fig. 237. Tenochtitlan, sobreposta à planta actual da Cidade do México. Da antiga cidade restam os traçados que convergem para o recinto cerimonial, hoje ocupado pelo Zocalo, a praça central.

AS ORIGENS DA ARQUITECTURA

Andes e a floresta na vertente oposta. Este império tão vasto, a ponto de ignorar a existência de outras regiões civilizadas, possui uma rede grandiosa de obras públicas: estradas pedestres, pontes suspensas, armazéns, acampamentos, culturas em socalcos e cidades completas. A unificação política de uma área tão acidentada coloca em comum, pela primeira vez, os recursos da faixa costeira, dos vales andinos e das vertentes amazónicas: o guano e os peixes do Pacífico, o algodão das planícies, os produtos exóticos da selva, os camelídeos domesticados das montanhas e a riquíssima provisão de plantas alimentares seleccionadas a diversas altitudes: a batata, a abóbora, o pimento, o feijão, o tomate, o amendoim. O milho chega mais tarde, da América Central.

Entre a fantasia geométrica dos construtores e a grandiosa paisagem andina gera-se um confronto extraordinário. Os socalcos cultivados – a que os espanhóis chamaram *andenerias* – regularizam as vertentes das montanhas (Machu Picchu), situam-se nas margens dos vales como molduras gigantescas (Pisac), unem-se formando um desenho de círculos concêntricos (Moray). Surgem estruturas urbanas de formato ortogonal (Pikillacta), e também deformadas em trapézio (Ollantaytambo) ou em leque, a partir de um ponto de convergência (Chucuito). Quando um lugar ou um monólito de forma singular é inserido num ordenamento arquitectónico (Kencho), a fronteira entre natureza e artifício é muitas vezes imperceptível. O sistema de povoamento atrai todo o ambiente geográfico: as cordilheiras de montanhas percorridas pelas estradas, as ravinas transpostas por pontes suspensas, as vertentes em socalcos para as culturas, e até os cimos das montanhas de 7.000 metros – escaladas primeiro do que qualquer outro cume da terra – onde hoje os arqueólogos encontram vestígios dos sacrifícios propiciadores.

As construções civis, impossíveis de distinguir das infra-estruturas, caracterizam-se por uma monumentalidade especial, obtida através da variedade dos trabalhos de alvenaria, fazendo uso de um repertório rigidamente limitado de modelos de construção (os edifícios mais importantes não são maiores nem mais elaborados, mas trabalhados com um cuidado superior, que põe em evidência a importância do trabalho humano empregue: é uma monumentalização *sui generis*, que contém ensinamentos sugestivos, mesmo para os dias de hoje). Alguns edifícios eram decorados com lâminas

AS SAÍDAS DO NEOLÍTICO

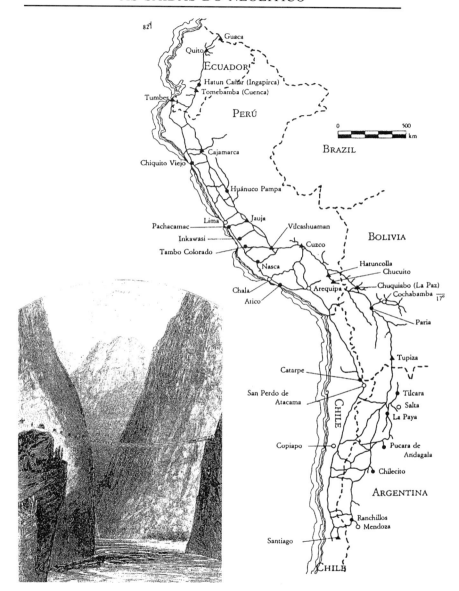

Fig. 238 e 239. O imenso território do Império Inca, com a sua rede de estradas apetrechadas para as comunicações pedestres. *Em baixo*: uma gravura de Squier, 1877, que representa a ponte suspensa sobre o rio Apurimac.

AS ORIGENS DA ARQUITECTURA

Fig. 240. Cuzco, Perú. Uma disposição de pedras perfeitamente unidas.

de ouro, aplicadas directamente sobre a estrutura murária. É difícil imaginar esta combinação extrema entre a pedra e o metal, atestada pelos primeiros visitantes. Só a profunda convicção da unidade da paisagem humana permitiu a transposição do ornamento precioso até esta escala.

A capital, Cuzco, é configurada como sendo o centro do mundo, para o qual convergem, de quatro direcções, todos os territórios do império. A cidade construída e as culturas que a rodeiam regularizam apenas a confluência de dois rios. A poderosa fortaleza de Sachsahuaman, com uma tripla cercadura de muralhas com os rebordos em forma de dentes de serra, defende a cidade do lado montante. A paisagem alpina do pequeno planalto é modelada apenas pelas muralhas em pedra talhada, que de um lado cingem os templos e os palácios que se destacam dos telhados de palha, e do outro escoram os socalcos dos campos cultivados. A praça principal, Huacapata, que abre para as duas paisagens, é um amplo rectângulo (250 x 500 metros), atravessado pelo rio Huatanay, pavimentado com cascalho e provido de um sistema de drenagem para eliminar todos os vestígios das cerimónias. O saque de 1533 e o prolongado assédio que se seguiu devastam este cenário e, em primeiro lugar, interrompem a relação entre a cidade e o ambiente natural. Num dos lados da Huacapata os Espanhóis constroem a imensa Praça de Armas, rodeada por todos os lados pela paisagem construída da nova cidade: cópia patética de uma cidade andaluz, a uma distância de seis meses de viagem da pátria remota. Os muramentos incas servem de base às paredes caiadas das casas, dos conventos e das igrejas. Mas a antiga paisagem de pedra, incorporada na montanha, é indestrutível, e as esplêndidas muralhas trabalhadas com precisão milimétrica escapam incólumes aos numerosos terramotos.

O estudo histórico sistemático destes povoamentos começou há cerca de um século e é mais instrutivo do que qualquer outro para a cultura arquitectónica de hoje. A demonstração fundamental que esse estudo nos faz é que a oposição entre cidade e território

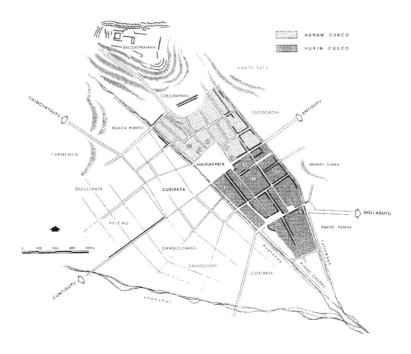

Fig. 241. Cuzco, Peru. Planta, com a praça central atravessada pelo rio Huatanay.

AS ORIGENS DA ARQUITECTURA

Fig. 242. Cuzco, Peru. Uma rua, com os muros espanhóis sobrepostos aos dos incas.

– fundamental na Eurásia – não é inevitável. Os cenários americanos – e principalmente aqueles que os europeus ali encontraram no século XVI – mostram-nos as opções que em outros lugares foram rejeitadas 5.000 anos antes, na sequência da distinção precoce entre espaço interno e externo nos recintos urbanos: entre elas, a planificação dos lugares de comando à escala geográfica (a cidade lacustre de Tenochtitlan) ou mesmo cósmica (a paisagem andina em redor de Cuzco, assinalada e sacralizada em todos os níveis dos seus ambientes, desde os desertos costeiros e da floresta amazónica até aos cumes dos Andes). A irredutível estranheza em relação aos hábitos europeus é uma das causas de aqueles

Fig. 243 e 244 (*na página seguinte*). Machu Picchu, Peru. Duas imagens da cidade inca esquecida ao longo do vale de Urubamba, e redescoberta por Hiram Bingham no início do século XX.

AS SAÍDAS DO NEOLÍTICO

AS ORIGENS DA ARQUITECTURA

cenários terem sido destruídos e esquecidos. Mas hoje a cultura arquitectónica enfrenta o mesmo desafio, e pode retirar deles contributos preciosos.

A tradição americana difere das outras duas porque é uma tradição interrompida. Nela interferiu a tragédia histórica da colisão com os conquistadores europeus, há 500 anos. Os dois oceanos, o Atlântico e o Pacífico, durante longo tempo inacessíveis à navegação, mantiveram o Novo Mundo, «durante dez ou vinte milénios, fora das agitações da história». No momento da viagem de Colombo, as condições dos dois mundos «eram tão diferentes que as primeiras testemunhas tiveram dificuldades em considerá-las identicamente humanas» (C. Lévi-Strauss, *Tristes Trópicos*, 1955).

Na nossa área, uma condição preliminar para a colonização do território é a distribuição das povoações, considerada prioritária em relação a qualquer transformação económica, política e religiosa, e levada a cabo com os instrumentos sistemáticos da cultura renascentista. O nome oficial desta operação, nas áreas espanholas, é *poblar*, povoar. O primeiro concílio da igreja mexicana, em 1555, pede que os indígenas «sejam persuadidos – ou obrigados pela autoridade real se necessário, mas com a menor violência possível – a recolher-se em lugares convenientes e em cidades razoáveis, onde possam viver à maneira política e cristã». Nem falta uma citação do célebre texto aristotélico, que no devido lugar encontrámos: aquela transferência devia tornar os habitantes «dignos de serem chamados homens, ao passo que não o eram onde antes habitavam, dispersos e distantes uns dos outros».

A noção da «cidade» americana, formada pelas povoações dispersas e pelos centros de serviços, complementares entre si, era incompreensível para os conquistadores europeus. Por isso esta herança se perdeu por completo, mesmo nos casos em que as «cidades» de tipo europeu foram sobrepostas aos centros locais, como aconteceu com as capitais dos dois impérios, Tenochtitlan e Cuzco. Os respectivos ecossistemas, embora admirados, foram eliminados, e dos valores arquitectónicos sobreviveram apenas alguns fragmentos, incorporados na produção colonial à escala arquitectónica europeia. O Zocalo da Cidade do México e a Praça de Armas de Cuzco cobrem apenas uma parte menor das vastíssimas instalações anteriores, e a complexidade dos alojamentos antigos não encontra eco nas novas cidades das duas Américas, onde a grelha renascentista, possível de ser aumentada à vontade,

AS SAÍDAS DO NEOLÍTICO

serve para armazenar construções permutáveis, desde as mais modestas da época colonial às desmedidas de hoje.

Mas, numa visão histórica mais distanciada, é precisamente a noção europeia da cidade compacta, oposta ao campo, que se torna problemática alguns séculos mais tarde. O propósito de encontrar um modelo alternativo, sintetizando os dois habituais, torna de novo actuais os exemplos americanos, que a pesquisa arqueológica está a documentar.

Fig. 245. Cholula, México. A cidade actual, com o reticulado – talvez de origem azteca – ainda não todo urbanizado. À esquerda, a pirâmide (a maior do Novo Mundo, com cerca de 60 metros de altura). À direita, o recinto da igreja cristã, com a *capilla aberta* em forma de mesquita.

Uma reflexão conclusiva

Das raízes até agora descritas cresceu a grande árvore da arquitectura mundial. As ramificações sucessivas excedem o objectivo deste livro. O estudo das suas diversidades já foi feito e refeito, e constitui a história da arquitectura mundial, situada quase por completo no âmbito da cultura urbana. A cultura urbana é um poderoso acelerador das variações, e produziu um panorama fortemente diferenciado, em que as particularidades se impõem na sua individualidade. Nele, as ligações de tempo e lugar, mesmo se minimamente extensas, parecem muitas vezes ser horizontes independentes.

Mas, convém manter as distâncias em relação a este quadro histórico – ou melhor, reconhecer a sua parcialidade e a exigência de o integrar num quadro mais amplo: 1) a crise geral do cenário físico em que vivemos, e 2) os últimos desenvolvimentos da cultura do planeamento, que se propõe corrigi-la.

1) O ambiente construído – «o conjunto das modificações e alterações introduzidas na superfície terrestre, tendo em vista as necessidades humanas», acumulado durante muitos milénios no passado – tornou-se problemático devido às transformações técnicas, económicas e sociais dos últimos séculos, e nos tempos mais próximos deve agora ser reorganizado no seu conjunto,. A contraposição entre a cidade e o território, com as suas escalas dimensionais e velocidades de transformação diferentes, que funcionou durante cinco mil anos, rapidamente se torna insuportável.

As cidades contemporâneas – as europeias, já revolucionadas desde há dois séculos e em via de acabamento, as americanas,

AS ORIGENS DA ARQUITECTURA

ainda em pleno desenvolvimento, e as do Terceiro Mundo, que estão a crescer fora de qualquer controlo – juntamente com o território circundante e dele indistinguíveis, assumem uma conotação física, mental e projectual que é paradoxalmente análoga ao sistema global de povoamento das culturas neolíticas descritas nos capítulos 2 e 3. Mas a «paisagem», que deve ser transformada e onde se devem inserir novos objectos arquitectónicos, é hoje um produto quase completamente artificial, que condiciona em grande medida o próprio suporte natural.

Para que o confronto seja frutuoso, é preciso:

– compreender os mecanismos do planeamento e da ocupação do solo que estiveram na base das transformações neolíticas, quando o ambiente natural estava completamente aberto e disponível para a colonização humana;

– avaliar a acumulação das construções humanas mais recentes, com os seus mecanismos de formação ainda em parte operantes;

– detectar o momento de ruptura dos equilíbrios populacionais tradicionais – «pré-industriais» ou «de antigo regime» – e apreciar a paisagem antiga, urbana e rural, como termo de comparação perdido mas sempre obrigatório.

O modelo habitual da cidade ocidental, formada por um centro de implantação antigo e por uma ampla coroa de habitações recentes, já não é praticável. A cidade passa a não ter forma, escapa a uma imagem desenhada, não procura ter uma orientação e não é proporcional às exigências e às dimensões do homem. Também o território urbanizado só em parte conserva a sua antiquíssima estrutura natural, confunde-se com a cidade e adquire, de certa maneira, a sua precariedade. O ambiente habitado é calibrado pelas distâncias percorríveis de automóvel, que aumentaram desmedidamente o alcance das infra-estruturas (vias de comunicação, redes tecnológicas) sem contrabalançar o aumento das dimensões físicas com a criação de novos centros, que se formam casualmente, sem um projecto de preordenação.

Os instrumentos de controlo administrativo que possuímos vêm da tradição da segunda metade do século XIX e tornam-se inadequados às transformações que é preciso restabelecer, num quadro moderno e ordenado. Os novos meios de comunicação rápida dos homens e da informação mudaram por completo a relação entre distância e tempo, com base na qual vigoravam as medidas do ambiente antigo e prenunciam uma nova e diferente

UMA REFLEXÃO CONCLUSIVA

ocupação do território. A mobilidade das informações pode substituir, e tem em grande parte substituído, a dos homens e das coisas. É preciso, portanto, repensar em conjunto quer o espaço quer o tempo. Já não acreditamos na renovação acelerada, mas redescobrimos com surpresa, juntamente com o novo, o valor das coisas imutáveis, da permanência, da afinação lenta.

Só uma configuração mental diferente pode ajudar a descrever, e consequentemente a controlar, as transformações a que o ambiente foi sujeito na época industrial. O nome adequado talvez seja «a cidade-paisagem» (*Stadtlandschaft*). Contribuem para este objectivo técnicas de planeamento novas e «terrivelmente antigas». É preciso realizar um complexo urbano – a cidade-paisagem – que seja um organismo completo, com a complexidade que caracterizava a cidade histórica, mas desta vez dilatado na dimensão paisagística, com a sabedoria que caracterizava as culturas pré-urbanas.

2) A cultura arquitectónica percorreu um longo itinerário para reconhecer e modificar a paisagem a partir da época industrial, mas não tem ainda o domínio suficiente sobre a situação de facto. As transformações não previstas antecedem quase sempre as intervenções planeadas.

Foi apresentada, na primeira metade do século XX, uma nova abordagem à planificação, de carácter mundial, que inverteu o curso centrífugo das experiências arquitectónicas anteriores e que ignora as fronteiras das tradições históricas em todas as partes do mundo. A tradição ocidental, durante muito tempo associada ao confronto entre as vanguardas, foi severamente confrontada com a cultura científica moderna. Para as tradições locais diferentes da ocidental, que foram levadas à extinção precisamente pela interpretação estilística importada do Ocidente, abriu-se uma possibilidade de reactualização no quadro cultural «moderno». A revisão historiográfica foi também alargada à pré-história (nos anos cinquenta, o mais ilustre historiador do movimento modernista, Siegfried Giedion, pôs pela primeira vez em contacto os conhecimentos arqueológicos do seu tempo com o presente e o futuro da arquitectura, e também com o seu passado).

O perfil do ano de 1989 assinalou, juntamente com o adeus às ideologias políticas e sociais, o ocaso das poéticas predeterminadas. A liberdade de imaginação, ligada à atenção aos contextos, leva a

AS ORIGENS DA ARQUITECTURA

que se comece do princípio perante qualquer oportunidade. As melhores experiências contemporâneas são já caracterizadas por uma nova combinação entre abertura mundial e fidelidade aos lugares específicos, que se afasta definitivamente dos hábitos precedentes.

No momento que estamos vivendo, e tendo em vista os objectivos do debate arquitectónico destes primeiros anos do século XXI, a reflexão sobre as origens pré-históricas oferece um contributo especial. A viragem histórica de 1989, há catorze anos, encerrou também um período da história da arquitectura, desvalorizando definitivamente as «tendências» ainda em circulação e tornando insuportável o equilíbrio particular entre racionalidade e ideologia, que caracteriza o movimento modernista. A «arquitectura moderna» surge neste período como um ciclo histórico concluído em setenta anos, entre 1919 e 1989. Começa – já começou – um novo ciclo caracterizado por uma abordagem livre dos problemas e dos contextos cada vez mais difíceis do mundo de hoje. Mas na situação actual, dominada pela difusão sem precedentes das imagens virtuais, têm lugar, e durarão durante um certo tempo, os projectos baseados numa vasta gama de comportamentos previamente constituídos, pessoais ou colectivos, que impedem um confronto efectivo e uma selecção das experiências em curso.

Para não perder o fio da continuidade histórica, convém alargar o âmbito da reflexão retrospectiva; reconhecer os fundamentos unitários do trabalho até agora executado pelo homem na superfície terrestre; pôr de lado as diversidades recentes para descobrir não já uma uniformidade, mas uma gama muito mais rica de variações, que cobre todo o tempo da presença humana no planeta e a própria formação da espécie humana. Visitar a pré-história não leva à descoberta de «arquétipos» e «protótipos» (que existem, mas na fase intermédia da formação das culturas urbanas, descrita resumidamente no capítulo 4), mas sim a uma enorme multiplicidade de propostas e invenções, em grande parte rejeitadas ou esquecidas no curso sucessivo da história. A entropia deste desperdício, identificada com a experiência humana, pode ser, em certa medida, reduzida pela atenção crítica, que é uma característica distintiva da cultura contemporânea. Toda a riqueza da tradição passada pode ser posta em campo, para promover novas experiências críticas e projectuais.

UMA REFLEXÃO CONCLUSIVA

A reflexão sobre a unidade substancial do planeamento humano é um estímulo confortante, destinado, antes de mais, ao planeamento daquilo que é preciso no futuro próximo, mas utilizável para rever, a longo prazo, o relatório do passado. No momento actual, o encontro com o repertório das criações históricas – e principalmente das que precederam os «classicismos» das civilizações urbanas – ensina qual a diferença entre a variedade verdadeira e a construída, entre a criação genuína e a competição dos preconceitos.

A unidade da cultura técnica mundial não pode ser trocada por estilos pessoais improváveis ou em segunda mão. Talvez seja possível preservar esta unidade sem renunciar à variedade deste mundo pitoresco.

Referências bibliográficas

Esta nota bibliográfica diz respeito ao período pré-urbano – das origens ao Neolítico – de que tratam os três primeiros capítulos deste livro. Não é uma bibliografia especializada, que excederia a nossa competência. Contém a lista dos livros consultados para escrever esta breve obra, os livros citados no texto e as fontes da maior parte das informações utilizadas.

O último capítulo entra no campo da história urbana. Sobre este campo vastíssimo, e aqui marginal, não anexamos um suporte bibliográfico. Uma lista elementar de livros pode ser encontrada nos quatro volumes que constituem a *Storia della cittá (História da Cidade)*, de Leonardo Benevolo (Laterza, Roma--Bari, 1993).

AA.VV., *Archaeological Remains Monuments and Museums*, Archaeological Survey of India, Nova Deli 1964.

AA.VV., *La riscoperta della* preistoria, Mondadori, Milão 1979.

AA.VV., *Homo. Viaggio alle origini della storia*, Marsilio, Veneza 1985.

AA.VV., *Great national treasures of China*, National Palace Museum, República da China 1986.

AA.VV., *Markings. Aerial views of sacred landscapes*, Phaidon, Oxford 1986.

AA.VV., *Planet Peru*, Aperture Book, Nova Iorque 1991. AA.VV., *Prehistory, The World of Early Man*, Facts on File Press, Nova Iorque-Oxford 1991.

R.A. Adkins, L.A, Adkins, L. Adkins, *Abandoned Places*, Book Sales Ltd, Londres 1990.

B. Albrecht, L. Benevolo, *I confini del paesaggio umano*, Laterza, Roma-Bari 1994.

C. Aldred, J.-L. de Cenival, F. Debono, C. Desroches-Noblecourt, J.-Ph. Lauer, J. Leclant, J. Vercoutter, *Le temps des Pyramides*, Gallimard, Paris 1978.

B. Allchin, *The rise of civilization in India and Pakistan*, Cambridge University Press, Cambridge 1982. M. Almagro, A. Arribas, *El poblado y la necropolis de los Millares*, Biblioteca praehistorica hispana, Madrid 1963.

A.F. Anati, E. Anati (org. de), *Missione a Malta*, Jaca Book, Milão 1988.

E. Anati, *Origini dell'arte e della concettualità*, Jaca Book, Milão 1988.

E. Anati, *Le radici della cultura*, Jaca Book, Milão 1992.

R. Arnheim, *Il pensiero visivo*, Einaudi, Turim 1974. J.L. Arsuaga, *I primi pensatori*

AS ORIGENS DA ARQUITECTURA

e il mondo perduto di Neandertal, Feltrinelli, Milão 2001. M. Aston, *Interpreting the landscape*, B.T. Batsford Ltd, Londres 1985.

R.J.C. Atkinson, *Stonehenge*, Penguin Books Ltd, Londres 1960.

O. Baldacci, *Geografia generale*, UTET, Turim 1974. M.D. Balfour, *Stonehenge and its mysteries*, Encore Publisbing, Orem-Utah 1984.

G. Barker, *Prehistoric farming in Europe*, Cambridge Universitv Press, Cambridge 1985.

J.C. Barrett, R. Bradley, M. Green, *Landscape, monuments and society*, Cambridge University Press, Cambridge 1991.

P. Bellwood, *Polynesians: Prehistory of an Island People*, Thames & Hudson, Londres 1987.

K. Bergamar, *Discovering Hill Figures*, Shire Publishers Ltd, Princes Risborough 1999.

E. Bernardini, *L'Italia preistorica*, Newton Compton, Roma 1983.

F. Boas, *L'uomo primitivo*, Laterza, Roma-Bari 1995. J. Bond, M. Aston, *Landscape of Towns*, A. Sutton Publishing, Stroud 1993.

C. Bonsall, *The Mesolithic in Europe: International Symposium Edinburgh 1985*, J. Donald Publisbers Ltd, Edimburgo 1989.

J. Bord, C. Bord, *A Guide to Ancient Sites in Britain*, Granada Publishers, Londres 1979.

J. Bordaz, L. Boltin, *Tools of the Old and the New Stone Age*, Dover Publishers Inc., Mineola-Nova Iorque 1989.

W. Bray, D. Trump, *Dizionario di archeologia*, Mondadori, Milão 1973.

A. Broglio, *Introduzione al Paleolitico*, Laterza, Roma-Bari 2002[3].

A. Burl, *Stone circles of the British Isles*, Yale University Press, New Haven 1976.

A. Burl, *Prehistoric Avebury*, Yale University Press, New Haven 1983.

A. Burl, *Prehistoric Stone Circles*, Shire Publisbers Ltd, Princes Risborough 1994.

A. Burl, *Prehistoric Astronomy and Ritual*, Shire Publishers Ltd, Princes Risborough 1999.

A. Burl, *Prehistoric Henges*, Shire Publisbers Ltd, Princes Risborough 1999.

J. Campbell, *Mitologia primitiva*, Mondadori, Milão 1990. C. Canby, *A guide to the archaeological sites of the British Isles*, Facts on File Press, Nova Iorque--Oxford 1988.

N. F. Carver jr., *Silent cities of Mexico and the Maya*, Documan press Ltd., Kalamazoo 1988.

R. Castleden, *Neolithic Britain: New Stone Age Sites of England, Scotland, and Wales*, Routledge, London-Nova Iorque 1992.

R. Castleden, *The Stonehenge People: An Exploration of Life in Neolithic Britain. 4700-2000 BC*, Routledge. Londres-Nova Iorque 1993.

A.Cazzella, *Manuale di archeologia. Le società della preistoria*, Laterza, Roma-Bari 1985.

C.W. Ceram, *Il primo americano*, Einaudi, Turim 1972.

272

REFERÊNCIAS BIBLIOGRÁFICAS

K.C. Chang, *The archaeology of ancient China*, Yale University Press, New Haven 1988.

J.-P. Changeux, *L'uomo neuronale*, Feltrinelli, Milão 1983.

R. Chapman, Emerging Complexity: *The Later Prehistory of South-East Spain, Ibéria and the, West Mediterranean*, Cambridge University Press, Cambridge 1990.

B. Chiarelli, *Origini della socialità e della cultura umana*, Laterza, Roma-Bari 1984.

G. Childe, *Moto rotatorio*, in *Storia della tecnologia*, a cura di C. Singer, vol. I, Bollati Boringhieri, Turim 1994.

D.H. Childress, *Lost Cities of China. Central Asia and India*, Adventures Unlimited Press, Kempton 1987.

N. Chomsky, *La conoscenza del linguaggio: natura, origine e uso*, Il Saggiatore, Milão 1989.

A. Cilingiroglu, D. H. French, *Anatolian Iron Ages*, Brown Book Co., Glasgow 1992.

M. Cipolloni Sampò, *Dolmen. Architetture preistoriche in Europa*, De Luca Edizioni d'Arte, Roma 1990.

G. Clark, *La preistoria del mondo*, Garzanti, Milão 1986

G. Clark, *L'uomo oltre la natura*, Laterza, Roma-Bari 1988.

G. Clark, *Economic Prehistory*, Cambridge University Press, Cambridge 1989.

G. Clark, *Space, time and man: a prehistorian's view*, Cambridge University Press, Cambrifge 1994.

G. Clark, S. Piggott, Le società preistoriche, Mondadori, Milão 1991.

M. Coe, D. Snow, E. Benson, *Atlas of Ancient America*, Facts on File Press, Nova Iorque-Oxford 1986.

C. Collins, *L'avventura della preistoria*, Newton Compton, Roma 1980.

T. Condit, *Ireland's Archaeology from the Air*, Country House, Dublin 1997.

G. Connah, *African Civilizations: Precolonial Cities and States in Tropical Africa*, Cambridge University Press, Cambridge 1987.

J. Cornell, *I primi osservatori. Alle origini dell'astronomia*, Feltrinelli, Milão 1983. C.Corrain, *Il divenire biologico dell'uomo*, Calderini, Bolonha 1971.

A.Cotterell, *Penguin encyclopedia of ancient civilizations*, Penguin, Nova Iorque 1989.

M. Dames, *The Silbury Treasure: The Great Goddess Rediscovered*, W.W. Norton & Company Ltd, London 1977.

G. Daniel, *The Megalith Builders of Western Europe*, Hutchinson, Londres 1958.

G. Daniel, *Storia della archeologia*, Rizzoli, Milão 1982.

G. Daniel, J. Arnal, *Les Monumnents mégalithiques et la forme des tumulus en Angleterre et en France*, Bulletin de la Société préhistorique française, Paris 1952

J. Diamond, *Armi, acciaio e malattie*, Einaudi, Turim 2000. Diaz del Castillo, *Historia verdadera de la conquista de la Nueva España*, Ed. de Miguel León-Portilla, Madrid 1988.

AS ORIGENS DA ARQUITECTURA

P. Dolukhanov, *Ecology and Economy in Neolithic Eastern Europe*, Palgrave Macmillan, Nova Iorque 1979.

J. Dyer, *The Penguin Guide to Prehistoric England and Wales*, Penguin Books Ltd, Londres 1982. I. Edelman, *Discovering Avebury*, Shire Publisbers Ltd, Princes Risborough 1999.

I.E.S. Edwards, Cj. Gadd, N.G.L. Hammond (org. de), *Prolego-meni e preistoria*, Il Saggiatore, Milão 1972.

I. Eibl-Eibesfeldt, *L'avventtura umana. Natura e possibilità culturali*, Laterza, Roma-Bari 1980.

M. Eliade, *I riti del costruire*, Jaca Book, Milão 1990.

G. Eogan, *Knowth and the Passage-Tombs of Ireland*, Thames & Hudson, Londres 1987.

J.D. Evans, *Antiquity and Man: Essays in Honour of Glyyn Daniel*, Thames & Hudson, Londres 1981.

B.M. Fagan, *Avenues to Antiquity*, W.H. Freeman and Company, São Francisco 1975.

B.M. Fagan, *People of the Earth: An Introduction to World Prehistory*, Scott Foresman, Glenview 1989.

B. M. Fagan, *Journey from Eden: The Peopling of Our World*, Thames & Hudson, Londres 1990.

B.M. Fagan, *Ancient North America: The Archaeology of a Continent*, Thames & Hudson, Londres 2000.

J. Fergusson, *Rude-stone Monuments in all Countries*, Murray, Londres 1872.

J. Fergusson, *Les Monuments mégalithiques de tous pays, leur âge et leur destination*, Ilaton, Paris 1878. ~

M. Fernandez-Miranda, *Secuencia cultural de la prehistoria de Mallorca*, Biblioteca praehistorica hispana, Madrid 1978.

S. Fiedel, *Prehistory of lhe Americas*, Cambridge University Press, Cambridge 1987.

R. Fleming Heizer, *L'età dei giganti*, Marsilio, Veneza 1991.

K. Földes-Papp, *Dai graffiti all'alfabeto. La storia della scrittura*, Jaca Book, Milão 1985.

N.M. Ford, *Quando comincio io?*, Baldini & Castoldi, Milão 1997.

D.L. Fortney, *Mysterious Places*, Crescent Books, Nova Iorque 1992.

P. Fowler, M. Sharp, *Images of Prehistory*, Cambridge Universitv Press, Cambridge 1990.

D. Fraser, *Village planning in the Primitive World*, G. Braziller, Nova Iorque 1968.

C. Gamble, *The Palaeolithic settlement of Europe*, Cambridge University Press, Cambridge 1996.

C. Gamble, S. Shennan, T.C. Champion, Prehistoric Europe, Academic Press, Nova Iorque 1997. J.-C. Gardin, *Representations in Archaeology*, Indiana University Press, Bloomington-Indiana 1992.

274

REFERÊNCIAS BIBLIOGRÁFICAS

G. Gasparini, L. Margolies, *Arquitectura popular de Venezuela*, Fundación Eugenio Mendoza, Caracas 1986.

A.B. Gebauer, T.D. Price, *Transitions to Agriculture in Prehistory*, Prehistory Press, Madison 1992.

A. Gehlen, *L'uomo. La sua natura e il suo posto nel mondo*, Feltrinelli, Milão 1983.

G. Gerster, *Grand Design. The Earth from above*, The Knapp Press, Los Angeles 1988.

A. Ghosh, *An encyclopaedia of Indian archaeology*, EJ. Brill Publisbers, Nova Iorque 1990. S. Giedion, *L'eterno presente: le origini dell'arte*, Feltrinelli, Milão 1965.

J. Gowlett, *Ascent to civilization: the archaeology of early man*, McGraw-Hill Books, Nova Iorque 1984. M. Granet, La religione dei Cinesi, Adelphi, Milão 1973. Graslund, *The birth of prehistoric chronology*, Cambridge University Press, Cambridge 1987.

J. Green, *Carnac et les monuments mégalithiques du Morbihan*, Pitkin Pictorials Ltd, Londres 1984. S. Green, S.M. Perlman, *The Archaeology of Frontiers and Boundaries*, Academic Press, Nova Iorque 1997. L. Grinsell, *Barrows in England and Wales*, Hyperion Books, Nova Iorque 1989.

A. Guidi, M. Piperno (org. de), *Italia preistorica*, Laterza, Roma-Bari 1993

J. Guilaine (org. de), *Prehistory. The world of early man*, Facts on File Press, Nova Iorque-Oxford 1991. G. Hancock, S. Faiia, *Lo specchio del cielo*, Corbaccio, Milão 1998.

E.A. Havelock, *La musa impara a scrivere: riflessioni sull'oralità e l'alfabetismto dall'antichità al giorno d'oggi*, Laterza, Roma-Bari 1995.

J. Hay, *L'antica Cina: i misteri di una civiltà sepolta*, Newton Compton, Roma 1977.

A. Herbert, *Cyclops Christianus*, J. Petheram, London 1849.

C. Higham, *The archaeology of mainland Southeast Asia*, Cambridge University Press, Cambridge 1989.

I. Hodder, *Spatial Analysis in Archaeology*, Cambridge University Press, Cambridge 1979.

I. Hodder, *The Archaeology of Contextual Meanings*, Cambridge University Press, Cambridge 1987.

I. Hodder, *The Domestication of Europe*, Blackwell Publisbers, Oxford 1990.

G.A. Jellicoe, *The Landscape of Man*, Thames & Hudson, London 1975.

J. Jensen, *The Prehistory of Denmark*, Routledge, Londres-Nova Iorque 1983.

H.J. Jerison, *Evolution of the Brain and Intelligence*, Academic Press, Nova Iorque-São Francisco-Londres 1973.

C.J.Jolly, F. Plong, J.R. Acocella, *Physical Anthropology and Archeology*, A.A. Knopf, Nova Iorque 1976

R. Joussaume, *Le Mégalithisme en Éthiopie*, Musée national d'Histoire naturelle, Paris 1974.

AS ORIGENS DA ARQUITECTURA

R. Joussaume, *Des dolmens pour les morts, les mégalithismes à traverç le monde*, Hachette, Paris 1985.

R. Joussaume, *Dolmens for the Dead: Megalith-Building Throughout the World*, Cornell University Press, Nova Iorque 1988.

J. Joyaux, *La linguistica*, Sansoni, Florença 1973.

C. Joyce, *Witnesses from the Grave*, Little Brown & Company, Nova Iorque 1991.

S. Kent, *Farmers as Hunters: the Implications of Sedentism*, Cambridge University Press, Cambridge 1989.

S. Kent, *Domestic Architecture and the Use of Space*, Cambridge University Press, Cambridge 1993.

P. Kirch, *The evolution of the Polynesian chiefdoms*, Cambridge University Press, Cambridge 1989.

S. Kostof, *A History of architecture: settings and rituals*, Oxford University Press, Oxford 1985.

M. Krischke Ramaswamy, *Introduzione all'etnologia*, Garzanti, Milão 1989.

N. Lahiri, *The archaeology of Indian trade routes up to C. 200 BC*, Oxford University Press, Oxford 1993.

C.C. Lamberg-Karlovski, *Archaeological thought in America*, Cambridge University Press, Cambridge 1991.

A.J. Lawson, *Cave Art*, Shire Publishers Ltd, Princes Risborough 1999.

R.E. Leakey, R. Lewin, *Origini. Nascita e possibile futuro dell'uomo*, Laterza, Roma-Bari 1979.

A. Leroi-Gourban, *I più antichi artisti d'Europa. Introduzione all'arte parietale paleolitica*, Jaca Book, Milão 1981.

C. Lévi-Strauss, *Antropologia strutturale*, Il Saggiatore, Milão 1975.

C. Lévi-Strauss, *Antropologia strutturale due*, Il Saggiatore, Milão 1978.

C. Lévi-Strauss, *Tristes Trópicos*, Edições 70, Lisboa 2000.

M. Liverani, *Uruk, La prima città*, Laterza, Roma-Bari 1998.

S. Lloyd, *The Archaeology of Mesopolamia from the Old Stone Age to the Persian conquest*, Thames & Hudson, Londres 1978.

K. Lorenz, *L'altra faccia dello specchio*, Adelphi, Milão 1974.

K. Lorenz, *Il declino dell'uomo*, Mondadori, Milão 1998.

C. Malone, *The English Heritage Book of Avebury*, B.T. Batsford Ltd, Londres 1989.

J. Manley, *The atlas of past worlds*, Cassell & Co., Londres 1994.

G.A. Mansuelli, *I marmi del Partenone*, Sadea-Sansoni Editori, Florença 1965.

M. Marp'les, *White Horses and Other Hill Figures*, A.J. Sutton Publisbers, Stroud 1991.

J. Mellaart, *The Neolithic of the Near East*, Thames & Hudson, Londres 1981.

R.J. Mercer, *Causewayed Enclosures*, Shire Publishers Ltd, Princes Risborough 1999

A. Métraux, *Gli Inca*, Einaudi, Turim 1969.

REFERÊNCIAS BIBLIOGRÁFICAS

J. Michell, *Megalithomania, Artists, Antiquarians and Archeologists at the Old Stone Monuments*, Thames & Hudson, Londres 1982.

J.-P. Mohen, *Le monde des mégalithes*, Casterman, Paris 1989.

J.-P. Mohen, *I megaliti, pietre della memoria*, Electa-Gallimard, Turim-Paris 1999.

J. Monod, *Il caso e la necessità. Saggio sulla filosofia naturale della biologia contemporanea*, Mondadori, Milão 1970.

P.R.S. Moorey, *The origins of civilization*, Clarendon Press, Oxford 1979.

W.N. Morgan, *Prehistoric architecture in the Eastern United States*, MIT Press, Cambridge 1980.

M.E. Moseley, *The Incas and their Ancestors*, Thames & Hudson, Londres 2001[2].

R. Muir, *History from the Air*, Mermaid, Londres 1987.

R. Muir, *Portraits of the Past*, Michael Joseph Ltd, Londres 1990.

J. Needliam, *Scienza e civiltà in Cina*, Einaudi, Turim 1981.

H. J. Nissen, *Protostoria del Vicino Oriente*, Laterza, Roma-Bari 1990.

J. North, *Il mistero di Stonehenge*, Piemme, Alexandria 1997.

L.-R. Nougier, *L'art préhistorique*, Presses Universitaires de France, Paris 1993.

W.J. Ong, *Oralità e scrittura. Le tecnologie della parola*, Il Mulino, Bolonha 1986.

G. Orefici, *Nasca. Arte e società del popolo dei geoglifi*, Jaca Book, Milão 1993.

F.R. Paturi, *Arte e preistoria*, SEI, Turim 1982.

O. Pelon, *Tholoi, tumuli et cercles funéraires*, De Boccard, Paris 1976.

C. Perlès, *Preistoria del fuoco. Alle origini della storia dell'uomo*, Einaudi, Turim 1983.

D. Phillipson, *African archaeology*, Cambridge University Press, Cambridge 1985.

D. Phillipson, *African archaeological review*, Cambridge University Press, Cambridge 1992.

S. Piggott, *Europa antica*, Einaudi, Turim 1976.

S. Piggott, *Antiquity Depicted: Aspects of Archaeological Illustraitons*, W.W. Norton & Company Ltd, Londres 1979.

P. Planel, *Old Sarum*, English Heritage, Londres 1991.

C. Renfrew, *The Megalithic Monuments of Western Europe*, Thames & Hudson, Londres 1981.

C. Renfrew, *Archaeology and language*, Jonathan Cape, Londres 1987.

C.Renfrew, *L'Europa della preistoria*, Laterza, Roma-Bari 1996.

P. Robertshaw, *A History of African Archaeology*, Heinemann Ltd, Londres 1990.

M. Sabattini, P. Santangelo, *Storia della Cina. Dalle origini alla fondazione della Repubblica*, Laterza, Roma-Bari 2001[5].

M.D. Sahlins, *Age de pierre, âge d'abondance*, Gallimard, Paris 1976.

N. K. Sandars, *Prehistoric art in Europe*, Penguin, Nova Iorque 1992.

«Scientific American», vol. 249, n. 2, Fevereiro 1984.

L. Sebastian, *The Chaco Anasazi*, Cambridge University Press, Cambridge 1997.

AS ORIGENS DA ARQUITECTURA

N. Sharples, *Book of Maiden Castle*, B.T. Batsford Ltd, Londres 1992.

R. Singer, J. Wymer, D. Singer, *Middle Stone Age at Klasies River Mouth in South Africa*, University of Chicago Press, Chicago 1982.

C. Smith, *Late Stone Age Hunters of the British Isles*, Routledge, Londres-Nova Iorque 1998.

B. Snell, *La struttura del linguaggio*, Il Mulino, Bolonha 1966.

D. Souden, *Stonehenge. Un paesaggio di pietre e di misteri*, Corbaccio, Milão 1998.

J.E. Terrel, *Prehistory in the Pacific Islands*, Cambridge University Press, Cambridge 1989.

B.K. Thapar, *Recent Archaeological Discoveries in India*, The Centre for East Asian Cultural Studies, Paris 1985.

Touring Club Italiano, *Il patrimonio dell'umanità. Tesori salvati e da salvare*, Touring Editore, Milão 1988.

D.H. Trump, *La preistoria del Mediterraneo*, Mondadori, Milão 1983.

P.J. Ucko, M. Hunter, A.J. Clark, A. David, *Avebury reconsidered*, Routedge, Londres-Nova Iorque 1990.

G. Wainwright, *The Henge Monuments*, Thames & Hudson, Londres 1989.

R.J. Wenke, *Patterns in Prehistory*, Oxford University Press, Oxford 1990.

J. Westwood, *Atlante dei luoghi misteriosi*, De Agostini, Novara 1998.

M. Wheeler, *Civiltà dell'Indo e del Gange*, Il Saggiatore, Milão 1963.

A. Whittle, *Neolithic Europe: A Survey*, Cambridge University Press, Cambridge 1985.

A.W. Whittle, *Europe in the Neolithic: the Creation of New Worlds*, Cambridge University Press, Cambridge 1996.

N. Wiener, *La cibernetica: controllo e comunicazione nell'ani-male e nella macchina*, Il Saggiatore, Milão 1968.

L. Zeppegno, C. Finzi, *Alla scoperta delle antiche civiltà in Sardegna*, Newton Compton, Roma 1977.

Índice

Prefácio 7

1. **O homem e o seu ambiente formam-se juntos,
   no longo inverno do Paleolítico** 13

2. **A fixação e a tomada de posse do território,
   na primavera neolítica** 37

3. **As diferenças de tempo e de lugar,
   que originam a variedade das paisagens neolíticas** .. 79
   As aldeias neolíticas no Próximo Oriente, p.80 - As
   culturas não urbanas das faixas costeiras europeias,
   p.92 - O Neolítico sem fim no Novo Mundo, p.120 173

4. **As saídas do Neolítico. O nascimento
   da cidade e da história** ....
   O mundo mediterrâneo, p.180 - A refundação da
   civilização urbana ocidental na Grécia, p.190 - A Índia
   e a ideia do «mandala», p.200 - O Extremo Oriente,
   p.218 - As «cidades» do Novo Mundo, p.238 ....

Uma reflexão conclusiva ....

Referências bibliográficas ....

Paginação, impressão e acabamento
da
CASAGRAF - Artes Gráficas Unipessoal, Lda.
para
EDIÇÕES 70, LDA.
Janeiro de 2004